# 近现代中国的城市：
# 认知、结构与空间

徐　鹏/著

四川大学出版社
SICHUAN UNIVERSITY PRESS

**图书在版编目（CIP）数据**

近现代中国的城市 ：认知、结构与空间 / 徐鹏著
. — 成都 ：四川大学出版社，2023.1
（城市与文明）
ISBN 978-7-5690-5919-9

Ⅰ．①近… Ⅱ．①徐… Ⅲ．①城市建设－研究－中国
－近现代 Ⅳ．① F299.21

中国国家版本馆 CIP 数据核字（2023）第 015629 号

书　　　名：近现代中国的城市：认知、结构与空间
　　　　　　Jin-Xiandai Zhongguo de Chengshi: Renzhi、Jiegou yu Kongjian
著　　　者：徐　鹏
丛　书　名：城市与文明
--------------------------------------------------------
丛书策划：张宏辉　徐　凯
选题策划：于　俊
责任编辑：于　俊
责任校对：张宇琛
装帧设计：墨创文化
责任印制：王　炜
--------------------------------------------------------
出版发行：四川大学出版社有限责任公司
　　　　　地址：成都市一环路南一段 24 号（610065）
　　　　　电话：（028）85408311（发行部）、85400276（总编室）
　　　　　电子邮箱：scupress@vip.163.com
　　　　　网址：https://press.scu.edu.cn
印前制作：成都墨之创文化传播有限公司
印刷装订：成都金阳印务有限责任公司
--------------------------------------------------------
成品尺寸：170 mm×240 mm
印　　张：14.5
插　　页：1
字　　数：252 千字
--------------------------------------------------------
版　　次：2023 年 2 月 第 1 版
印　　次：2023 年 2 月 第 1 次印刷
定　　价：92.00 元
--------------------------------------------------------
本社图书如有印装质量问题，请联系发行部调换

扫码查看数字版

四川大学出版社
微信公众号

　　城市，是一种大型的人类聚落，它可以被定义为一个永久的、人口稠密的地方，具有行政界定的边界，其成员主要从事非农业活动。在中国古代汉语中，"城"用来指代夯土垒成的、封闭的墙，系政治中心的一种指代；"市"则指代做买卖的地方，"城"与"市"的概念截然不同。而现代意义上的"城市"概念则源自西方，用于与"City""Town"或"Municipality"对应。

　　直到近代中国，"市"作为城市的名称，成为一级行政区划，"市"才成为现代意义上的"城市"，"城市"与"市"的概念才开始通用。近代以来，城市首先作为一个人口、工商业汇聚的聚落而存在，即城市一定要有其城市景观，有其作为市（或城市）的实体地域与行政地域，城市的发展不仅自在，而且自为。近现代中国城市延续了城市作为各级政治中心的政治资源，而其政治生态则更加纷繁复杂。城市成为各种政治与社会力量交锋的主战场。

　　在西方语境中，城市既是实体的（Urban Area），也是制度的（Municipality），二者是一而二、二而一的关系。刘易斯·芒福德曾多次指出，城市的物质外壳像一个容器，其中所进行的丰富的城市生活被包容在城市物质外层之内，而"要确定一座城市，我们必须找到它的组织核心，确定它的边界，弄清组成它的各种社会行业，确立其辅助性的通讯（信）联络中心，并分析其团体和机构的分化和整合过程"①。作为城市史的研究主体，城市的概念通常有狭义与广义之分。狭义上的城市史主要关注城市营建、市政发展，而

---

　　① 刘易斯·芒福德：《城市发展史——起源、演变和前景》，倪文彦、宋俊岭译，北京：中国建筑工业出版社，1989年，第71页。

广义上的城市史，则可以理解为城市中发生的一切，包括城市中的政治、经济、文化、生活等方方面面。故而，城市既是一种聚落、一种景观，又是一种场域、一种文化，更是一种方法。

由"城乡合一"的自在城市到"城乡分治"的自为城市的转型，是近现代中国城市发展的重要环节。在清朝末年之前，中国并没有直接管辖城市的行政机构，城市也并不是一级政区。知县为"亲民之官"，当时的城市实际上也是划分在不同县的辖区内，这种县即是"附郭县"。有些县是独立附郭，有些却是数县同城。这一时期，由于城与乡均在县的管辖之下，"城市与乡村是无差别的统一"，现代意义上具有独立法人地位和独立市政机关的城市尚未成立。而知县日常所处理的主要政务是"刑名"与"钱谷"，行政运作靠的是"书吏、衙役、长随、幕友"，即所谓的"一人制政府"。

近代意义上的城市行政建制，创始于欧洲。故而，对于近代的中国而言，市与市政理念都是"舶来品"。20 世纪上半叶，随着市制的推行与市政建设的开展，在"城市中心主义"的推动下，中国的城市、乡村、城乡关系、政区结构等均发生了巨大的变化。

现代市政机关的权利范围，即权利场域的形成是其权威形成的前提。这一场域是多维度的，既有空间上的、层次上的，又有内容上的。空间方面，实则为城市权力的实体范围，即其行政辖区。城市即从旧有的"城乡合一"到"城乡分治"的过程中解脱出来，成为一个具有独立行政法人资格的自治机关，在此过程中，市政机关需要确定其管辖范围。近现代中国城市的设置多是从旧政区中"切块设市"，由此导致的划界纠纷必然十分尖锐。而划界斗争的过程，也正是市政机关权力边界建构的过程。层次方面，即权力的深度，是否向下延伸，延伸到何种程度。尽管学术界对传统时代的中国究竟是"王权不下县"抑或"郡县空虚"的论断仍有争议，但近现代中国的确存在着一个国家权力下沉的现象，但国家权力下沉到什么程度，这个过程中是否存在"公共空间"，这些问题都可以在城市场域中进行再分析。内容方面，即权力的广度，在旧有的州县府衙以"刑名"和"钱谷"为主业的基础上，如何扩大权力范围，与士绅精英及公共领域进行抗衡。在市政权力的广度重建与地方精英互动的过程中，原本属于地方精英管理的诸多公共事务逐渐转至市政机关的职权范围内。市政的范围越来越大，并逐渐形成"强市府，弱社会"的局面。近代社会经济的发展，各项事务的增多，使得市政权力的范围越来越大，深度越来越深，国家权力在下沉的过程中面临着严重的"内卷化"。

而市政权力的形成过程，即是近现代中国城市从"城乡合一"向"城乡分治"的发展过程，借助空间上、层次上、内容上的多维素材，最终形成一个有独立法人资格、独立政区范围的城市。随着城市行政地域与空间地域的形成，城市内部的各种权力与权利格局也逐渐发展，城市也随着近代中国的浮沉，或是萎缩，或是（畸形）繁荣。

本书共六章，即"认知他者与反观自我：近现代国人眼中的亚太城市近代化""民国前期的市政改革思潮（1912—1928）""近现代中国市政机构的创设""'切块设市'——近现代中国城市地域界定的基本模式""城市地域生成的个案（一）：政区调整与20世纪二三十年代北平城市地域扩展的搁浅""城市地域生成的个案（二）：20世纪三四十年代成都市县划界与成都市域的拓展"。

第一章主要讨论近现代中国人眼中的亚太近代化城市，即对亚太近代化城市的"认知他者与反观自我"。早在清朝后期，随着中西交流的深入，国人已关注到国外市政之先进。19世纪末20世纪初，国内城市开始出现"城乡分治"与市政萌芽。20世纪20年代，国内城市的发展与研修市政学、经济学等学科的海外留学生的归国，掀起了一场市政改革思潮。清末民初，亚太地区对中国影响较大的是日本与美国，故而，国人对日本与美国城市的关注也较多，对其他地区的城市，如被日本殖民时期的朝鲜、被英国控制的香港也有关注。而在国内推广市政改革思想的留学生群体所撰写的文章中也广泛涉及这一时期的亚太城市。认识他者的目的是反观自我，进而改良自我，借助改良市政进而改良中国。通过梳理清末民初国人对亚太"世界城市"的认知，有利于从本土性与民族性的角度反观国内城市的发展，对于理解近现代中国城市发展与市政改革运动具有重要的学术意义。

第二章主要讨论民国前期（1912—1928）的市政改革思潮。民国前十年，基于清末颁布的《城镇乡地方自治章程》，国内城市开始出现"城乡分治"与市政萌芽。20 世纪 20 年代，国内掀起了一场市政改革思潮。国内知识界，尤其是归国留学生，纷纷著书立说，宣传介绍美国市政体制，讨论国内市政发展路径与方向，在批判国内市政的基础上，希望通过改良市政来改良中国。

第三章主要审视近现代中国市政机构的设置问题，考察城市权力机构的形成及其职能的演变。近现代意义上城市的权力机构与明清之际传统的府县截然不同。随着市制的推行，市的职权已远远超越了传统时代附郭县以"刑名"和"钱谷"为核心的"三班六房"的行政架构体系，管辖范围扩大到了基于科层制的财政、土地、社会、工务、公安、卫生、教育、港务、公用等社会生活的方方面面。而随着各级市政机构的设立和国家政治经济形势的转变，市政机构的组织价值和职权范围也随之调整。

第四章探讨近现代中国城市行政地域界定的基本模式——"切块设市"。近代城市自治，城市从"城乡合一"的体制中剥离出来，通过"切块设市"成为独立"法人"，旧的县则仅保留对城市周边地区的管理。随着国民政府推行市制，作为一级政区与独立法人的市迫切需要划定其行政范围。如此，既有的"城乡连续体"被打破，市与县、城与乡的关系也发生了嬗变。随着市制的推行，市的行政地域逐渐被界定，由地理空间（城墙内、环城城壕内）向法理空间（警察区、市行政区）转变。而无论是地理空间还是法理空间，近现代中国城市的行政区域均是从既有（附郭）县中"切块"得来的。同时，"切块设市"也产生了一些遗留的问题，诸如行政地域对城市实体地域的限制、连续的地理空间单元被人为割裂、市县同名、附郭县县治外迁，等等。

第五章审视近现代中国城市地域生成的一个案例——20 世纪二三十年代北平城市地域的扩展与拓界计划的搁置。国民政府定都南京后，北平市政府推出扩界计划，以求行政便利、交通完备、形式整齐与建设合宜。然而该计划一方面遭到了大兴县的反对，更因与宛平县交界处的模式口等六村的问题而陷入漫长的公文流转。迫于压力，1932 年底市政府召集会议，最终确定了六村归属方案。但该方案未及实施，市长易人，新任市长袁良提出的勘界方案最终因多方反对而被搁置。北平市扩界的困境，既是近现代中国市制推行中"切块设市"所导致的后遗症，也与近现代国人对市制的理解相勾连，而政局的不宁也阻碍了政策的推行。

第六章则以城乡关系视阈下民国时期成都市县划界为个案，审视城市地域生成问题。20世纪上半叶，成都市与成都县、华阳县的划界纠纷，成为审视近现代中国城乡划界的一个窗口。20世纪20年代之后，随着各项公共工程的修建与城市规模的扩大，成都的城市发展日益需要突破旧城垣，扩大辖区。在此背景下，成都市、成都县、华阳县三县市在辖区方面发生了长达十余年的划界纠纷。在省政府的干预下，直到1945年，成、华二县各向成都市划拨大量土地，三方的划界纠纷才暂时告一段落。成都市因"切块设市"成为城市型政区，随着划界的完成，成都市获得"大郊区"。脱胎于"城乡合一"，在"城乡分治"的背景下继续扩张并进而获得"大郊区"，此为20世纪上半叶成都市的政区变迁过程，而这一发展过程也成为成都市突破"城乡分治"后遗症的主要路径。

本书系笔者近年来关于近现代中国城市发展的一系列思考。其中既涉及近现代中国人对城市（制度）观念的认知、城市空间的界定，也涉及城市权力、权利结构的调整。在笔者的前期研究中，并不曾对"近现代中国城市"这一研究领域有过严格的学术规划，不过，如今回头审视，这种"阿米巴变形虫式"的学术进路，似乎也呈现出了一定的研究理路。如此，特集成一辑，既希望能够有助于推动学界有关近现代中国城市的研究，也算是自己前几年工作的一个总结。本书的部分章节，曾以单篇论文的形式发表于《民国档案》《北京史学》等刊物，后经修改收入本书。本书的出版得到了四川大学马克思主义学院出版经费项目的资助。在此向上述杂志社和本人所供职的四川大学马克思主义学院表示感谢。

然而，也正是由于这种没有严格学术规划的"阿米巴变形虫式"的学术进路，使得本书关于近现代中国城市的研究确系挂一漏万，有太多关键性的问题没有能够得到解决。本书虽以"近现代中国的城市"为主标题，却未能全景式地展现近现代中国城市从"传统"到"现代"的发展历程，依然无法解决近代中国城市的生成问题。即便在具体章节中，也依然存在太多的遗憾。这些问题大概只能等到日后笔者学力增长，再重新进行审视。当然，由于笔者水平有限与资料的不足，疏漏与错误在所难免，真诚欢迎学术界各位专家和广大读者不吝赐教。

徐　鹏

2022 年 2 月 4 日于四川大学江安校区文科楼

# 目　录

# 第一章

## 认知他者与反观自我：
## 近现代国人眼中的亚太城市近代化

梁启超在其《新大陆游记》中曾有如下感叹：

> 从内地来者，至香港、上海，眼界辄一变，内地陋矣，不足道矣；至日本，眼界又一变，香港、上海陋矣，不足道矣；渡海至太平洋沿岸，眼界又一变，日本陋矣，不足道矣；更横大陆至美国东方，眼界又一变，太平洋沿岸诸都会陋矣，不足道矣。此殆凡游历者所同知也。至纽约，观止也未？①

梁启超为我们展示了 19 世纪末 20 世纪初整个亚太城市的现代化程度。而这种从香港、上海到日本，再到太平洋沿岸，再到美国东部包括纽约在内的大西洋西海岸的认知过程，既是中国人在近代以来逐渐走向世界舞台的过程，也是中国人逐渐认知域外城市的过程。而这种与时空差异同时存在的城市现代化的差异，则成为推动当时先进的中国人不断放眼世界，不断寻求先进城市理念以推动中国自身城市发展的重要动力。

近现代中国的城市建设与市政改革一定意义上落后于同时期的西方。早在清末，随着中西交流的深入，国内读书人已关注到国外城市市政之先进。民国前十年，国内城市开始出现"城乡分治"与市政萌芽。20 世纪 20 年代，随着国内城市的发展与研修市政学、经济学等学科的海外留学生的归国，国内掀起了一场市政改革思潮。虽然 1928 年南京国民政府建立市制并继续推行改革，但中国人仍没有停止对域外城市的观察。

目前学术界对近现代中国市政改革运动研究已有一定的研究成果。但目

---

① 梁启超：《新大陆游记》，北京：社会科学文献出版社，2007 年，第 49 页。

前对这批出国游历与求学，对域外城市认知的研究相对较为薄弱。诸多学者中，赵可等学者对知识精英对市政的认知有较为深入的研究，赵可探讨了 20世纪二三十年代市政改革与城市发展的关系、留美知识分子对城市的认知及对市政改革的探索。①高路探讨了清末至抗战爆发前国内知识界对城市化道路的探讨。②王亚男、赵永革《近代西方"市政建设"思想的引入和对北京发展方向的讨论》一文论述了 20世纪二三十年代中国学者的"市政建设"思想以及对北京城市发展的设想。③学界对民国市政改革的"史前史"，即清末民初国人对于域外城市、域外城市市政的认知的研究仍有较多空白，具有一定的推进空间。

1840 年后，更多的中国人走向世界，或游历，或经商，或游学。而清末民初国人对亚太城市的认知，正是伴随着中国人走向世界的过程而展开的。本章主要探讨清末民初中国人眼中的近代城市，分别以美国、日本、香港、日据朝鲜等典型地区作为个案，探讨自清朝末年起中国人开始关注市政建设，及其从认知到效仿，从叹他人市政设施到学他人市政制度的过程。正是清末民初大量国人出国考察游历以及留学学习市政，为近现代中国市政的发展、市政改革运动的兴起提供了重要的推动力。

---

① 参见赵可：《市政改革与城市发展》，北京：中国大百科全书出版社，2004 年。赵可：《清末城市自治思想及其对近代城市发展的影响》，《史学月刊》2007 年第 8 期，第 49-55 页。赵可：《20 年代我国留美知识分子对市政体制改革的探索》，《四川大学学报》（哲学社会科学版）1999 年第 4 期，第 101-107 页。赵可：《20 世纪 20 年代新型知识分子城市观念的变迁——以归国留学生为中心的考察》，《社会科学研究》2003 年第 5 期，第 117-121 页。

② 参见高路：《"城市中国"的探讨——民国前期（1912—1937 年）社会精英对城市现代化道路的求索》，北京：中国社会科学出版社，2016 年。高路：《1900—1937 年中国社会精英对城市化与城市现代化道路的探索》，华中师范大学博士学位论文，2013 年。

③ 参见王亚男、赵永革：《近代西方"市政建设"思想的引入和对北京发展方向的讨论》，《北京社会科学》2007 年第 2 期，第 90-95 页。

## 第一节　认知亚太城市近代化

### 一、中国及朝鲜的城市

国内观察人士最便捷去观察的，当属在一共同地域范围内，被近代列强侵扰的城市。这些城市杂糅了城市建设与城市景观中的现代性、殖民性与本土性，给当时的中国人带来了别样的感观。清末民初中国人对亚太城市的认知，以上海、香港和朝鲜为典型。当时的上海部分地区设置租界，不在中国政府的管辖之下。

19 世纪中叶，西方人东来，利用坚船利炮迫使东方各国打开国门。第一次鸦片战争结束后，随着《南京条约》的签订，包括上海在内的五口通商，准许英国政府在五口岸派驻领事、管事官"专理商贾事宜"，外国侵略势力由此开始染指上海。1845 年 11 月，清政府苏松太兵备道宫慕久与英国领事乔治·巴富尔（George Balfour）共同公布《上海土地章程》（也称《上海租地章程》，The Shanghai Land Regulations），设立上海英租界。此后，美租界、法租界相继设立。在租界中，外国人享有"治外法权"，租界当局负责市政建设，颁布一系列租界管理的行政法规。如此，这一时期的中国人观察与认知亚太城市近代化最直观的案例便是上海租界。康有为在游历上海之后，对上海的五光十色、万商云集的场景颇为震撼，即感慨地说道，"道经上海之繁盛，益知西人治术之有本"。而康有为这里所谓的"治术"，即可以理解为"城市治理之术"，这在一定程度上揭示了清末先进的中国人对先进城市治理的向往。

而对于当时的中国人，另一处便于近距离观察的亚太城市便是香港。1842 年 8 月 29 日，清政府与英国签订不平等的《南京条约》，被迫将香港岛割让给英国；1860 年 10 月 24 日，清政府与英国签订不平等的《北京条约》，被迫割让九龙半岛界限街以南地区给英国；1898 年 6 月 9 日，英国强迫清政府签订《展拓香港界址专条》（俗称"新界租约"），强行租借九龙半岛界限街以北、深圳河以南的地区，以及 200 多个大小岛屿，租期 99 年。随着英国渐次获得了香港岛、九龙、新界的治理权，英国也开始在香港进行建设。在港英当局资本主义的经营管理模式下，由于香港民众的艰辛努力，开埠数十年后，香港即由一个人烟稀少的沿海岛屿迅速发展成为街市整洁、商业昌盛的新兴海港城市，香港的社会面貌与城市景观发生巨大的变化。而香港市政的先进，也随即对当时的中国人带来了认知上的冲击。

清光绪五年（1879），青年康有为在阅读了《西国近事汇编》《环球地球新录》及数种西书后，曾专门到香港考察。"薄游香港，览西人宫室之瑰丽，道路之整洁，巡捕之严密，乃知西人治国有法度，不得以古旧之夷狄视之。"[1] 康有为眼中的香港，充满了近代性。为此，康有为特意撰写了一首题目为《初游香港睹欧亚各洲俗》的七言律诗，诗中对香港先进市政的描绘则更为生动："灵岛神皋聚百旗，别峰通电线单微。半空楼阁凌云起，大海艨艟破浪飞。夹道红尘驰骠袅，沿山绿圃闹芳菲。伤心信美非吾土，锦帕蛮靴满目非。"诗中，康有为一方面描述了香港的高楼林立、旗帜飘扬、轮船畅游、车辆飞驰、电线高架、芳草遍地的繁华景象，但最后一句"伤心信美非吾土，锦帕蛮靴满目非"也直观地展示出了康有为对于香港被英国染指的悲叹与惋惜。

清末著名的改良主义思想家王韬对于香港的观察则更为深入。王韬曾在香港居住近二十年，对他而言，"香港本一荒岛，山下平地距海只寻丈。西人擘画经营，不遗馀（余）[2]力，幾（几）于学精卫之填海，效愚公之移山。尺地寸金，价昂无垺"[3]。王韬的这段描述，无疑展示了他对香港发展速度之快的感慨。在王韬看来，"香港蕞尔一岛耳……丛莽恶石，盗所薮，兽所窟，和

---

① 康有为：《康南海自编年谱》，载中国史学会：《戊戌变法》（四），上海：上海人民出版社，1957 年，第 115 页。

② 本书所引用文献中部分表达与现代汉语不完全相同，为不损害原文献之完整性与学术性，遇异体字、难解字词等则在括号内标注现代汉语用法或解释，标点、数字用法等不规范处则按照现代汉语用法统一规范，不再标注。

③ 王韬：《漫游随录·扶桑游记》，长沙：湖南人民出版社，1982 年，第 59 页。

议既成，乃割畀英。始辟草莱，招徕民庶，数年间遂成市落。设官寘（置）吏，百事共举，彬彬然称治焉。遭值中国多故，避居者视为世外桃源。商出其市，贾安其境，财力之盛，几甲粤东。呜呼！地之盛衰何常，在人为之耳。故观其地之兴，即知其政治之善，因其政治之善，即想见其地官吏之贤"[1]。王韬在观察到香港从"丛莽恶石，盗所薮，兽所窟"的荒野景象历经数年便发展为城市的转变后，由"其地之兴"便认识到香港的"政治之善"，并由"政治之善"认识到香港的"官吏之贤"，已认识到香港城市治理的现代与先进。进一步王韬也认识到香港城市发展中殖民性与现代性、西洋风情与本土特色的杂糅。王韬在《漫游随录·扶桑游记》中即记述道：

> 沿海一带多开设行铺，就山曲折之势分为三环：曰上环、中环、下环，后又增为四环，俗亦呼曰"裙带路"，皆取其形似也。粤人本以行贾居奇为尚，锥刀之徒，逐利而至，故贸易殊广。港民取给山泉，清冽可饮。鸡豚颇贱，而味逊江浙。鱼产鹹（咸）水者多腥，生鱼多贩自广州，阅时稍久则味变。上、中环市廛稠密，阛阓宏深；行道者趾错肩摩，甚嚣尘上。下环则树木阴翳，绿荫缤纷，远近零星数家，有村落间意。博胡林一带，多西人避暑屋，景物幽邃，殊有萧寂之致。下环以往，渔家疍户大半栖宿于此。[2]

朝鲜是中国近邻，数千年来两国交往密切，自然成为中国人认知域外的重要组成部分。中日甲午战争之后，清政府被迫与日本签订不平等的《马关条约》，正式结束中朝两国的宗藩关系，承认朝鲜独立。1905 年，日本强迫朝鲜签订《乙巳条约》，朝鲜变成了日本的保护国。1910 年，大韩帝国（李氏朝鲜）与日本签订《日韩合并条约》，朝鲜被日本吞并，沦为日本的殖民地。其后，日本便在朝鲜进行殖民统治。

沦为殖民地的朝鲜，成为清末民初中国人认知亚太殖民城市的一扇窗口。1915 年，北洋政府农商部次长金邦正率同农商部、内务部和外交部及吉林地方军政官员十余人赴朝鲜参观朝鲜总督府举办的"朝鲜物产共进会"。时任第四期知事试验襄校委员、内务部警政司司长王扬滨除了参观"朝鲜物产

---

① 王韬：《弢园文录外编》（第八卷），北京：中华书局，1959 年，第 126 页。
② 王韬：《弢园文录外编》（第八卷），北京：中华书局，1959 年，第 126 页。

共进会"，还顺便考察了朝鲜市政。在其与万葆元所编写的《朝鲜调查记》中，王扬滨等人对于日本殖民当局的所谓"政绩"，投以赞赏的眼光。[1]只是这种日本殖民当局的所谓"政绩"，和上海、香港的繁荣一样，都是资本主义掠夺之下的畸形繁荣。

## 二、日本城市

日本与中国一衣带水，地理空间上的便利性使得日本成为近代国人出国游历的重要目的地。如此，日本也成为中国人观察市政的对象。19世纪末20世纪初日本的城市化，主要表现在都市的大都市化与市町的都市化。都市化的过程主要涉及都市人口的增多、都市规模的扩大，即实际上今日所谓的"城市化"。据统计，1898年、1913年、1920年、1935年，日本国全国人口的81.6%、74.2%、62%、54.3%居住在人口1万人以下的町村中，同期居住在10万人以上都市的人口则分别为9.1%、12.5%、19.5%、25.5%（剩余部分居住在2万至10万人的市町中）。[2]从以上统计来看，1913—1920年是人口居住地构成变动最大的时期。都市化的倾向，不仅由人口的流动表现出来，城市道路、上下水道、公园、学校、大型贩卖店、交通网络与交通工具等，都在这一时期取得了极大的进步。1923年关东大地震令许多建筑和民房毁于一旦，但也带来了规划城市建设的机会。东京、横滨、大阪、名古屋和神户的城市面貌竟以地震为契机，在数年后焕然一新。[3]

日本开国和明治维新以后，中国和日本的民间交往逐渐增多。甲午中日战争爆发以前，中国人的游日记载中即已有何如璋《使东述略》（1877）、李筱圃《日本纪游》（1880）、傅云龙《游历日本图经·馀记》（1887）、黄庆澄《东游日记》（1893）等具有重要价值的游记。清末民初，近邻日本

---

① 王元周：《认识他者与反观自我：近代中国人的韩国认识》，《近代史研究》2007年第2期，第69页。

② 中村隆英：「戦前期日本経済成長の分析」，東京：岩波書店，1971年，第18页。

③ 周颂伦：《近代日本社会转型期研究（1905—1936）》，长春：东北师范大学出版社，1998年，第154页。

对中国的政治、社会、经济等各方面都有重要的影响，且有大批国人赴日留学与游历，故而国人对日本城市的关注也较多。对于日本的城市，周作人、刘思慕、曾昭抡、黄庐隐等皆有观察与描述。

1853 年与 1854 年日本"黑船事件"发生之时，曾有一名中国人"搭花旗火船游至日本，以助立约之事"。此人即罗森。而他在日本的见闻以《日本日记》为名刊登在香港英华书院（Anglo-Chinese College）1854 年发行的中文月刊《遐迩贯珍》（*Chinese Serial*）上。此时的日本尚未进行"明治维新"，故而，此时的日本城市与清王朝统治下的城市无本质区别，仍处在"东亚传统城市"的范畴。这时罗森所看到的日本城市，仍然是"百姓卑躬，敬畏官长：人民肃静，膝跪路旁。不见一妇人面，铺户多闭；因亚国船初至此，人只不知何故，是先逃于远乡者过半"①。

1868 年，日本启动"明治维新"，在"富国强兵、殖产兴业、文明开化"的口号下，日本加速走上资本主义道路。到 1877 年何如璋②赴日时，见到的已是"日本'春日'舰海军少佐矶边包义来谒……登其舟，军练而法严，船坚而炮利……东京距横滨七十里，有铁道，往返殊捷。……浃旬中，酬应纷纭，答拜者趾相错也。东人来者，多自言修旧好之意。西人则以中华遣使为创举，各握手问道途，询风土，意殷殷然"③的景象。这时，何如璋已发现日本海军力量的强大、铁路交通的便捷以及观念上的开放。对于长崎本地居民的生活情形，何如璋则予以了赞赏："俗好洁，街衢均砌以石，时时扫涤。民居多架木为之，开四面窗，铺地以板，上加莞席，不设几案。客至席坐……男女均宽衣博袖，足蹑木屐。……其女子已嫁，必剃眉黑齿以示别，近弛其禁矣。"④

对于神户，何如璋咏神户诗云："极目茅亭海市通，蜃楼层叠构虚空。街衢平广民居隘，半是欧风半土风。"其注曰："未初到神户口，一名茅淳。海

---

① 罗森：《日本日记》，长沙：岳麓书社，2008 年，第 44 页。
② 何如璋（1838—1891），字子峨。广东大埔人。清同治七年（1868）进士，选庶吉士。散馆后，授翰林院编修，累迁至侍读。因究心洋务，为李鸿章所赏识。德宗光绪二年（1876）受命出任清政府驻日副使，次年升任公使。驻日期间，广泛考察日本政教。著有《使东述略》等。
③ 何如璋：《使东述略》，长沙：岳麓书社，2008 年，第 99—100，102 页。
④ 何如璋：《使东述略》，长沙：岳麓书社，2008 年，第 91—92 页。

港口南敞，山岭北峙。番楼廛肆，依山附隰约里许。然东人所居皆仄隘，通市以来，气象始为之一变。"①于铁路、火车、电报、邮政、机器造纸等新事物，何如璋也咏诗予以记述。咏铁路云："云山过眼逾奔马，百里川原一响来。"其下注云："大阪距神户六十中里，铁道火轮四刻即至。烟云竹树，过眼如飞。"咏电报云："一掣飞声逾电疾，争夸奇巧夺神工。"注云："电气报以铜为线，约径分许，用西人所炼电气。或架木上，或置水中，引而伸之，两头以机器系之。所传之音，傅线以行，虽千万里顷刻可达。"对于邮政，有诗曰："家书远寄凭邮便，一纸何嫌值万金。五岭极天隔瀛海，鲤鱼风紧碧波深。"注曰："东人公私文报，设局经理，名曰邮便。置柜中衢，任人投之。定期汇收分寄，无遗漏者。所收邮资，局中供用之馀（余），皆入公。"②

黄庆澄③于1893年来到长崎时，这一时期的日本"学西方有成效"，但见：

> 长崎街道整洁……虽系通商码头，无嚣尘湫隘之气。……其东为华人暨（及）西人占居（据）之；西则山峦连属，有造船场，有制铁场……县署全仿西式……署内设风雨表，遇大风雨，高竖一红球，先期示众，使知趋避。……县署不理刑案，居民口角细故，均由裁判所判决。……东人户外设邮便箱及邮便收纳箱，以便书札往来及取纳新闻纸之用。……电杆绵亘，各口岸有总局，有支局，电价视中国较廉。……（劝工场）铺设百物，平价估卖，肃有定规；执其业者，男女各半。……庆澄周观学校，统计校长（按指教师）十八人，男女学徒百馀（余）人。……有习华文者，习东文者，习英、法、德文者，习国史者，习外事者，习算学者，习化学者，习光、热等学者，习制造者，习乐者，习画者，习作字者。种种书籍器具，听学徒取用。学堂外有应接所，有会议所，有养病所，有沐浴所。房舍焕烂，规制井井。④

如是可见，日本现代市政建设已初具模型。

---

① 何如璋：《使东杂咏》，长沙：岳麓书社，2008年，第117—118页。
② 何如璋：《使东杂咏》，长沙：岳麓书社，2008年，第125—126页。
③ 黄庆澄（1863—1904），浙江平阳人，原名炳达，字源初、虞初、愚初。早年师事浙东名儒孙诒让，光绪十五年（1889）至上海梅溪书院任教习，热衷西学。1893年游历日本，回国后将在日本所见所闻整理成《东游日记》出版。1897年创办《算学报》，为中国最早的数学专业杂志。1898年在温州创办《史学报》，为中国最早的史学专业杂志。所编《中西普通书目表》为中学、西学书目合璧。
④ 何如璋等：《甲午以前日本游记五种》，长沙：岳麓书社，2008年，第79页。

1901 年冬，罗振玉①奉刘坤一、张之洞之命，赴日考察学务。旅日期间，罗振玉对日本交通、通信的先进感触颇深。罗振玉在《扶桑两月记》中即指出：

> 日本文明之机关最显著者有三，曰铁路也、邮政也、电线电话也，此三事为交通最大机关，而文明由是启焉，故开民智以便交通为第一义。我国若三十年前即开铁路，何至今日尚否塞如是乎？在旅馆中数日，每日必见邮便车络绎不绝，而电话则处处安置，数十里、数百里如觐面，便何如乎。电报价值极贱，此亦助文明开世运之一端。我国将来亦必仿行乃可也。②

近代以来，通信、交通对于一个国家的发展至关重要。罗振玉认为铁路、邮政、电线电话即是"日本文明之机关最显著者"。而日本交通、通信的先进，则又极大地推动了日本交通的便捷、工业的兴盛和军事力量的强大。如罗振玉所言：

> 考日本强盛之机关，首在便交通，继在兴工业，三在改军制。明治五年，始修铁道，初起于东京、横滨，已而推之神户、至京都，驯至遍及全国。又创马车铁道、电气铁道，又通海线，通电话，立邮船会社，设邮政，而道途于是无阻滞。③

1923 年关东大地震后，东京遭受毁灭性打击。经过十余年的重建，到 20 世纪 30 年代，东京的市政建设焕然一新。1935 年，著名市政学家殷体扬④赴

---

① 罗振玉（1866—1940），初名宝钰（振钰），字式如、叔蕴、叔言，号雪堂，晚号贞松老人、松翁。祖籍浙江上虞，出生于江苏淮安。中国近代农学家、教育家、考古学家、金石学家、敦煌学家、目录学家、校勘学家、古文字学家。编著有《贞松堂历代名人法书》《高昌壁画精华》《殷墟书契》《殷墟书契菁华》《三代吉金文存》等。

② 罗振玉：《扶桑两月记》，载《罗振玉自述》，合肥：安徽文艺出版社，2013年，第 65 页。

③ 罗振玉：《扶桑两月记》，载《罗振玉自述》，合肥：安徽文艺出版社，2013年，第 71 页。

④ 殷体扬(1909—1993)，浙江省温州市苍南县金乡镇人。1932年毕业于暨南大学，同年任《新夜报》市政副刊编辑。1935年年被北平大学法商学院聘为讲师，主讲市政学。曾为《华北日报》主编《市政问题》周刊，组织中国市政问题研究会，任会长。后《市政问题》改为《市政评论》，任总编辑。抗战期间，《市政评论》曾先后在杭州、重庆出版。抗战胜利后，《市政评论》在上海恢复出版，为国内权威性市政学术刊物。上海商务印书馆 1948 年出版的《中国名人》称他为市政专家。1978年经上海市科委和上海科技情报所有关领导推荐，被聘为上海社会科学院经济研究所特约研究员。同时，被同济大学聘为兼职教授。1986年起，任北京经济学院教授。殷体扬一生从事市政研究，立志"振兴城市，强国富民"。著有《城市管理学》《市政学》《日本市政考察记》等。论文有《试论我国城市行政改革》《我国城市回顾和前瞻》等。

日考察，并撰写《赴日考察印象记》，于《市政评论》连载，成为我们了解这一时期日本城市的重要史料。

初到东京，殷体扬即乘汽车游览全市热闹区域：

> 因地面不熟，不知所过街道何名，只见两旁商店，多不甚高。最热闹的银座街，无色流动红年灯的广告，极为灿烂夺目。街巷除方石砌路外，均为沥青路。人行道上有"地下铁"三字，想系地下铁路出入口处。热闹市街的人行道上，也有如北平前外大街的浮摊，在临街一面，遮挂一块红条白色布幕，上书字号及所售物品名称。车经浅草市场，曾下车入内参观，深深一条小街，两旁小小的商店排列极为整齐，各项物品，十分齐全，好像有东安市场的风味，但是比较整洁，有条理得多。①

9月29日，殷体扬到东京上野公园参观：

> 这个地方，可说是发展东京市民智识的中心地。上野公园的四周，在东面是东京科学馆，西面是美术馆，南面是动物园，北面是帝室博物馆。这四个伟大的建筑物，都是地震后的产物，实予市民无穷的知识，使人人头脑中，充满科学上的印象，共同走进现世的世界里去生活。②

对于东京的交通，地下铁方面：

> 由人行道入口，约有五阶，有一大车站，灯光明如白昼，购票而后上车，车上没有售票和检察人员，出口收票，非常便利，票价也不很贵。……除了地上地下的电车，还有沿街行使出货的汽车。东京市上洋车已经绝迹，而这种汽车，正等于北平市的洋车，随时随地，只须一带手，车就停下来。可以自由给价，大约起码三十钱至五十钱。一辆可坐六人，比在北平洋车还贱。③

对于东京的邮政系统，殷体扬感叹为"是世界著名的新式科学化的机关"：

---

① 殷体扬：《赴日考察印象记》，《市政评论》1935年第3卷第20期，第3—6页。
② 殷体扬：《赴日考察印象记（续）》，《市政评论》1935年第3卷第21期，第1页。
③ 殷体扬：《赴日考察印象记（续）》，《市政评论》1935年第3卷第21期，第2页。

这个大建筑。经过七年工夫才完成，内部各种收入送信分信各事，都是由机械去管理，该局每天所收信件三百多万件，其中约有二百多（万）件是由机械管理……如此繁杂的工作……自非机器力量来帮助不可。……中央邮便局之下，设有十六个邮区，七十二个二等局。三百个三等局，总局和各分局联络，完全用汽车。①

对于日本的工业区与工厂，殷体扬记录道：

今日参观东京横滨两市六个大工厂，虽交通便利，但是在工厂内跑得很乏了。日本是以工商立国的，欧战后工业进步一日千里，伟大的工厂，在各大都市发达（展）很快，日本国力所以能称雄东亚，是有他（它）的根本实力存在。本来现代都市的形势，完全受了工商业进步的影响，没有大规模工商业的地方，大都市必无确立。大东京市的计划实施，如果没有当地各工商业的大量膨胀，也是无从进行。②

## 三、美国城市

19 世纪以后，市政开始在法国、德国、英国等西欧国家得到发展，并逐渐从城市工务拓展到城市治安、公共事业、公用事业、公益事业等多方面。19 世纪末 20 世纪初，美国也开始市政改革，主要表现在市政管理体制的改革与市政范围的拓展上，代表着当时世界先进市政的最新发展趋向。而美国市政管理体制的变化，主要表现为从"弱市长制"转变为"强市长制""委员会制""经理人制"三种类型。以至于被誉为美国市政学鼻祖的哈佛大学市政学教授威廉·贝内特·孟洛（William Bennett Munro）颇为自豪地宣称：

美国今为世界最优之市政实验场，于此地方平民政治问题，欧洲正多取法于新大陆。然一世以往，美国尚未可追步欧洲；迨 20 世纪以来，其进步乃一日千里。举凡政府组织，行政方法，莫不精益求精。如行政中之卫生、娱乐、市灯、教育、消防等问题，今可

---

① 殷体扬：《赴日考察印象记（续）》，《市政评论》1935 年第 3 卷第 21 期，第 4 页。
② 殷体扬：《赴日考察印象记（续）》，《市政评论》1935 年第 3 卷第 22—24 期，第 4 页。

不须奉欧洲为模范矣。[①]

与市政学说发展相同时，美国的市政设施也日趋先进。19世纪60年代美国内战结束之后，美国扫除了资本主义经济快速发展的障碍，工业资产阶级开始在国家内拥有更有利的地位，美国的城市化也进入了一个新的快速发展阶段。美国的城市景观与市政设施开始发生巨大的变化。以公共马车和蒸汽火车为代表的公共交通日渐繁荣，城市规模不断扩大，公寓大楼成为城市的重要景观。

而清末民初中国人游历美国之时，恰逢美国城市化高速发展的时期。以梁启超为例。梁启超第一次到美国，即对美国建国100年来所取得的成果深表惊叹。梁启超《新大陆游记》即认为，美国独立之时，纽约的人口不过两万余人，且当时美国全国人口达到一万人以上的城市也仅有5个；到了19世纪中叶之时，纽约的人口已经骤增至七十余万；而到20世纪初期的时候，人口更是增加到了三百五十余万。而对于纽约城市的庞大、壮丽与繁盛，梁启超更为震惊，认为"目眩于视察，耳疲于听闻，口吃于演述，手穷于摹写，吾亦不知从何处说起"[②]。对于纽约的房屋、电线与电车，梁启超描述为"纽约触目皆鸽笼，其房屋也。触目皆蛛网，其电线也。触目皆百足之虫，其市街电车也"[③]。对于纽约的交通，则是"街上车、空中车、隧道车、马车、自驾电车、自由车，终日殷殷于顶上，砰砰于足下，辚辚于左，彭彭于右，隆隆于前，丁丁于后，神气为昏，魂胆为摇"[④]。

而梁启超对美国的观察，并不是简单止步于对先进城市外在的感性观察，而是进一步思考其制度的特性与优势。在游览美国首都华盛顿时，梁启超观察到：

喀别德儿（首都）之庄严宏丽如彼，而还观夫大统领之官邸，即所谓白宫（White House）者，则渺小两层垩白之室，视寻常富豪家一私第不如远甚。观

---

① W. B. Munro：《市政府与市行政》（上），北京：商务印书馆，1935年，原序第2页。

② 梁启超：《新大陆游记》，北京：社会科学文献出版社，2007年，第32—33页。

③ 梁启超：《新大陆游记》，北京：社会科学文献出版社，2007年，第50页。

④ 梁启超：《新大陆游记》，北京：社会科学文献出版社，2007年，第50页。

此不得不叹美平民政治质素之风，其所谓平等者真乃实行，而所谓国民公仆者真丝忽不敢自侈也。於戏，偶乎远矣。……全都中公家之建筑，最宏敞者为国会（即喀别德儿），次为兵房，次为邮局，最湫隘者为大统领官邸。①

　　不过，在对美国城市的现代和市制的先进表达惊叹的同时，梁启超也发现了美国城市中的种族歧视、贫富悬殊等现象："譬之有百金于此，四百人分之，一人得七十元，所余三十元以分诸三百九十九人，每人不能满一角，但七分有奇耳。"梁启超是最早发现欧美"城市病"的中国学者，他在游历美国之时即曾叹息，"天下最繁盛者宜莫如纽约，天下最黑暗者殆亦莫如纽约"。梁启超对于城市的认知，可谓是先知先觉。

## 第二节　对国内市政建设的认知、不满与期待

　　正如梁启超所言，清末民初国人对亚太城市的认知经过了一个从内地到香港、上海等殖民性、现代性与本土性相杂糅的城市，再到明治维新后带有现代色彩与本土色彩相融合的日本城市，再到具有现代性与世界性的美国西海岸城市，最后再到具有世界性与现代性的纽约的过程。而在这个认知路径中，出国游历者、出国留学者从以蠡测海，到感叹"声光化电"亚太城市繁荣的表面、浅层次的认知中，逐渐深入，一方面关注亚太部分城市繁荣的原因，即其先进的市政制度，另一方面，也开始反观自我，在中外对比的巨大落差中，逐渐表露出对国内市政建设的不满与在中国推广新型市政的期待。

　　出国游历者以及出国求学者，多会将其在国外所见、所学与自身的人生经历相结合，即认识他者与反观自我。那么，认识了这么多作为"他者"的亚太城市，反观国内，作为"自我"的中国城市又是怎样？

---

　　① 梁启超：《新大陆游记》，北京：社会科学文献出版社，2007 年，第 70—72 页。

　　清末民初，国内城市已经有了进步，然而仍旧无法令人满意。即如臧启芳[①]在《市政和促进市政之方法》一文中所指出的："在最近二十年内，我国一个曾到欧美去过的人回来拿人家的城市生活和我们的城市生活比一比，必定觉得万分惭愧。就是那没有到过欧美的人看一看天津、上海、汉口的租界地也很足以比较出来欧美人之经营市政与我国人之经营市政相差到什么程度了。"[②]近代工商业的兴起、城市规模的扩大、城市事务的增多，使得旧有的"城乡合一"的管理体制难以适应。在民国建立至推行市制的十余年中，国内虽已出现市政萌芽，部分城市设市或称市，然而未能成为影响全国之风潮。

　　对于清末民初市制与市政的发展，臧启芳曾有专门论述，且有代表性。臧启芳所描述的 1925 年以前中国市政的现状：

> 在民国十年二月广州市自治团体尚未成立以前，我国从未有市自治团体；在十年七月中央政府尚未颁布的《市自治制》以前，我国更没有关于市自治的法令。到现在，广州市几已不成其为市自治团体，中央政府所颁布的《市自治制》也只是一纸空文，并未见诸施行，所以就市政府组织一方面而言，仅是我国将来市政上一个应当首先解决的大问题，并没有刻意叙述及批评的历史。虽然，数千年来，我国不是没有城市生活，也不是没有关于城市任务的设施，所不同者，地方自治丝毫未办，一切城市任务不归中央政府直接办理，即归代表中央政府之下级行政机关办理，并没有归市自治团体自行办理的罢了。[③]

　　臧启芳将清末至 1925 年间国内市政的发展分为三个阶段，即在清末设警

---

　　① 臧启芳（1894—1961），字哲元、哲轩，号蛰轩，辽宁盖平人。1912 年就学于私立南京民国大学。翌年转学至私立北京国民大学商预科。1919 年留学美国加州大学，后入伊利诺伊大学攻读经济学、财政学，获硕士学位。1923 年回国，任北京中国大学经济系教授，兼华北大学教授，讲授经济学、财政学等课程。"九一八"事变后参与组织东北协会。1939 年到西安，任国立东北大学代校长。任内维持战时教学，1941 年主持招收硕士研究生，1943 年率校迁至四川三台，坚持办学。著有《经济学》《蛰轩词草》等教科书和著作。译著有《美国市政府》《经济思想史》。

　　② 臧启芳：《市政和促进市政之方法》，《东方杂志》1926 年第 22 卷第 11 期，第 25 页。

　　③ 臧启芳：《市政和促进市政之方法》，《东方杂志》1926 年第 22 卷第 11 期，第 23 页。

察、立学校以前为第一期，由清末设警察、立学校至民国建立为第二期，由民国建立到 1925 年为第三期。对于第一阶段，臧启芳认为："在清末设警察、立学校以前，我国市民生活差不多是全赖自己注意，与公家简直没有关系。"①进而，臧启芳以北京和天津为例，指出：

> 像北京、天津等处，虽则一系帝都，一系距京师密迩，大街上皆往往有白昼抢掠的事情，到了夜晚，穿窬窃盗，更是所在皆有。大概市民生命与财产的安全皆赖自己亲身保护。若是说起救火的事，不但没有欧美近世的常设消防队，就是像欧美 18 世纪的自愿救火队也很少。公共卫生更不足以提起，二十余年前，营口那个地方，年年有瘟疫病，死人无数，公家没有一点办法。其他城市又何尝不是这样！对于传染病尚且不知防备，别的卫生讲求更不会有了。未废科举之先到处都没有公立学校是我们知道的。他如家屋、路灯、饮水、铺路、除秽、娱乐等等问题，没有一样是政府注意的。恤贫一事，除了散米施粥而外，不会别的办法，真是太幼稚了。总之，无论是公共治安、公共卫生、公共教育、公共福利，或公共经营，全都毫不讲求，然而市民竟不能由需要中挤出办法而肯始终忍受，岂非奇事！②

臧启芳所认为的第二阶段为清末新政设警察、立学校至民国建立：

> 到了光绪末年创办新政，各省纷纷设警察、立学校，我国城市生活始稍有进步。迨至宣统年间，差不多各城全有了正式警察队，各地方多立了公立学校。稍大一点的都会也都修了马路，设了公园，立了卫生局。然而全都是粗具规模，办法不甚讲求。事情在初办的时候原不能尽美尽善，所以这也不必责备。不过像城市规画（划）、家屋法规、街道清扫、清水供给、贫民救济等事还是为大多数城市所忽略，所以无论市街如何狭窄，房屋建筑如何不适卫生，街道如何污秽，饮水如何不洁，乞丐如何触目皆是，并没有什么改善的成

---

① 臧启芳：《市政和促进市政之方法》，《东方杂志》1926 年第 22 卷第 11 期，第 23 页。

② 臧启芳：《市政和促进市政之方法》，《东方杂志》1926 年第 22 卷第 11 期，第 23—24 页。

绩或解决的方法。[1]

对于最后一个阶段，即民国建立到1925年。对于市政是否进步，臧启芳也并没有很高的评价：

> 若说没有进步，大城市已铺的路道似乎多了，公立学校的数目似乎增了，城市娱乐的场所似乎添了，公用经营，如电灯、电话、自来水的设备，似乎不少了。若说有进步，像北京已铺的道路有"刀山马路"之称，是已铺的道路还不如不铺的道路平坦可行；像现在各城的公立学校全征收颇重的学费，反不如前清才立学校的时代儿童可以自由入学。至于电灯、电话、自来水，无论是官营的或是私营的，莫不专以营利为前提；再加以公司办事不讲效率，管理不合方法，原费格外加重，遂不得不对于用户抬高用价。结果一城中得以享受电灯、电话、自来水的便利和清洁的，只是少数富人，平常中产阶级都不能享这种幸福，至于贫若（苦）小民及劳动阶级作（做）梦也梦不见自己住的屋子会有了电灯和电话。北京的街道，一遇风天或遇见对面有汽车跑来，必定飞沙走石，尘土障天，一般行人无不感受极大痛苦，尤苦的是洋车夫。洋车夫一路跑，一路呼吸，跑的（得）越急，呼吸的（得）越快，被他呼吸到肺里的尘土也就越多，实在大有害于他的生命。……北京的小胡同往往粪堆林立，许多墙角全成了尿池。宣武门每天都有许多堆粪的车子出入，一旦遇见车多，交通阻隔，必有几辆粪车停在大路中间，环周来往的人无不掩鼻叫苦，所以有人把宣武门叫作"粪门"，这就是北京所讲求的公共卫生。皇皇首都已是这样，别处可以不用说了。[2]

总之，臧启芳认为：

> 大概民国十三年所经过的历史，在市政方面绝少进步，小城市大半前十年是怎样，现在还是怎样。即（使）有变化，也只是添了

---

[1] 臧启芳：《市政和促进市政之方法》，《东方杂志》1926年第22卷第11期，第24页。

[2] 臧启芳：《市政和促进市政之方法》，《东方杂志》1926年第22卷第11期，第24—25页。

人力车及娼妓。大的都会虽比从前不同，也不过给富人阔人添了些添奢的工具，一般市民所享的幸福实在不多。①

不仅是臧启芳所批评的北京，这一时期的成都，市面依然残破不堪：

> 繁盛街面，皆以石板铺之，向例街道由各街居民集资修筑，非至石板破烂不堪，实少修理。崎岖难行，达于极点。设遇天雨，尤为泥滑。若少城及僻静街道，多系土路，阴雨一过，非四五日后，全无下足处。②

同样位于西南的重庆也是如此，"三面环水，一面负山，形势崎岖，地面狭隘，以故房舍之建筑不良，市街之交通梗阻，种种污浊湫陋，笔不胜书"③，"以市面之繁华，建筑之精美，交通之便利，卫生之良好而论，则远瞠乎沪汉之后"④。

纵使作为西南城市重庆所羡慕的武汉三镇，其市政建设依然无法令人满意，以致时人批评：

> 偌大之三镇，人口在二百万以上，乃无一正式之本国市政机关，宁非怪事？三镇市政之腐败，几非笔墨所能形容！……民居栉比，绝鲜隙地，街道之宽，率不及丈；触目者尘土蔽天，跌足者马勃充地，摩肩叠背，拥挤不堪，处处莫不与租界成反比例。即新辟之后城马路，与租界连接，可谓华界唯一之马路，亦不免上列诸特色。道旁虽有洋桐数株，系马代桩，招贴代柱，萎靡不振，有生之形，无生之气，殊堪代表住民一般之状态也。尤可怜者，为各地新建里房，惟（唯）利是图，绝不稍留隙地以苏息民气；房屋之排列，有如义冢之密而且乱也。武昌民居之密，街道之窄，亦然；汉阳尤甚。路

---

① 臧启芳：《市政和促进市政之方法》，《东方杂志》1926 年第 22 卷第 11 期，第 25 页。

② 杨吉甫、晏碧如、刘燕谋、聂开阳：《成都市市政年鉴》（第一期），成都：成都市市政公所，1928 年。

③ 谢璋：《重庆新旧市场之改建》，《重庆商埠督办公署月刊》1927 年第 3 期，第 4 页。

④ 中国民主建国会重庆市委员会、重庆市工商业联合会、文史资料工作委员会：《重庆工商史料（第二辑）》，重庆：重庆出版社，1983 年，第 207 页。

政不修，雨则泥淋没胫，积水如溪沼；晴则如履钉山，砂砾碍足；风则扬灰迷目；雪则积久不消。既无阴沟以泄水（有亦狭小多淤塞不通），又复不加修理，以致积水秽臭难闻，殊堪痛恨！以言交通：则虽重要如汉口华界，仅能通行包车，车行街中，侧身以避，不复能容人行矣，故人力车迄今不能开放，以致旅客来往，颇感不便。汉阳则虽有人力车，铁轮碾于石子路上，砰訇高跳，坐其上者，辄致浑身震痛，反不如安步当车之为愈也。[①]

由上可见，1928 年前，国人并不否认这一时期国内市政的发展，但通过与作为"他者"的亚太城市相比较，不难发现，国内市政的发展远远没有达到市政学者所预期的情况，如是则为这一时期市政改革思潮的兴起创造了客观条件，提供了一个可供批判的对象。而这一杂糅了现代性、世界性、本土性、殖民性为一体的对亚太城市的认知，便成为民国时期市政改革的"史前史"，为市政改革的萌芽与发展提供了重要的思想资源。

小 结

近现代中国城市（市政）发展的动力是多层次的。最根本的原因，即内在因素，是国内社会经济的发展。而外在因素则是多方面的，包括出国游历求学者所引入的欧美市政建设经验、租界的榜样作用，同时也在客观上反映了中国人对近代化问题认识的逐步提高和深化。对于国内群体，早在清朝末年，国人已开始关注海外各国的市政建设，且经历了一个从认知到效仿，从叹其市政设施到学其市政制度的过程。赵可在对晚清知识分子城市观念进行

---

① 周以让：《武汉三镇之现在及其将来》，《东方杂志》1924 年第 21 卷第 5 期，第 77—78 页。

分析后指出："晚清知识分子的城市观念在萌动时期表现出的强烈政治化倾向，是近代中国知识阶层在半殖民地半封建化程度不断加深的时代背景下急于向外寻求救国思想资源的体现。"①进一步来说，赵可所总结的晚清知识分子城市观念的政治化倾向并没有因清末民初的政治变动而终结，反而在民国建立后得到了很好的继承与延续。

清末民初，国人所认知的域外城市的先进程度是有结构性差异的。最具独特性的便是这一时期的日本城市。同为"洋都市"，清末民国国人眼中的日本城市与欧美城市是不同的。由于日本本身具有东亚属性，其"脱亚入欧"尚需一个过程，其"西化"是动态的，中国自身走向近代化的过程也是动态的，故而对日本城市的认知也在逐渐变化。日本明治维新之后渐趋现代化。一定意义上，清末赴日本游历者与20世纪二三十年代赴日者眼中的日本城市也是不一样的。具有东亚属性的日本城市，其自身的发展也受到欧美等其他城市市政发展的影响。如果对这一时期中国人所观察到的域外城市进行大概分类，美国城市的现代性与世界性较为凸显，日本城市则兼具现代性与传统性，其他亚太城市则更多地表现为殖民性、现代性与本土性的杂糅。

从清末到民国市政改革前，本土读书人对本国城市的观察，对租界的观察，对日本与美国城市的观察，形成对城市、市制、市政的一种内生化见解。认识他者的目的是反观自我，并进而改良自我，通过改良市政进而改良中国。进入20世纪20年代，随着一批在海外学习市政学、经济学、政治学的留学生的归国，欧美，尤其是美国先进的市政改革思想传入国内，并引起广泛的讨论。海外归国的留学生通过批判国内市政并给出推进国内市政发展的方法，寄希望于改革"市政"从而改革"国政"。清末民初国人走向世界，并对亚太城市形成的认知，糅合了近现代城市发展中的现代性、世界性、殖民性与本土性。而国人在认知亚太城市的过程中，无论是出国游历者，抑或出国留学者，通过认识他者，从而反观自我，进而改良自我，都为近代中国市政改革发生与发展奠定了重要的思想基础。

---

① 赵可：《晚清知识分子城市观念的萌动与走向》，《中州学刊》1999年第1期，第135页。

# 第二章

## 民国前期的市政改革思潮
## （1912—1928）

著名城市史学家隗瀛涛曾指出："近代中国城市史研究的基本线索有两条相互推进、相互制约的主线，一是近代城市化过程，二是城市近代化过程。"[1]而在城市近代化的过程中，20世纪二三十年代国内兴起的市政改革运动具有重要意义。现代意义上的"市政"概念在中国开始传播，是清末之后的事情。中国传统的市政观念以《周礼·地官》为代表，即"凡会同师役司市帅贾师而从，治其市政"，意指官吏改良集市的事务。这里的"市"，便是指代做买卖的地方。现代意义上的"市政"概念来自西方，即"municipal""administration"。"municipal"词义为"市政的，市的；地方自治的"，而"administration"的词义则为"行政、管理"。从现代西方市政学的角度来界定"市政"，其主要包括三个要素，即相对独立的城市政府体制、发达的市民自治和民主政治体制、以建立市民公共意识为目的的市政建设与管理机制。[2]

20世纪上半叶，以董修甲[3]、臧启芳、陆丹林[4]等为代表的一批市政学者对市政的诸多问题进行了批判，并提出了改良之策。1928年是近现代中国城市发展史上重要的一年。是年7月，南京国民政府公布了《特别市组织法》和《市

---

① 隗瀛涛：《近代重庆城市史》，成都：四川大学出版社，1991年，绪论第12页。

② 参见涂文学：《城市早期现代化的黄金时代——1930年代汉口的市政改革》，北京：中国社会科学出版社，2009年，第9页。

③ 董修甲（1891—? ），江苏六和人。清华学校毕业后曾留学美国，获市政经济学学士学位和市场硕士学位。1921年后曾在上海、北京等地任教，并在国民政府中任职。抗日战争爆发后，附汪投敌。著有《市政新论》《都市存款问题》《市政学纲要》《市财政学纲要》《直接立法与代议立法》《中国地方自治问题》等。

④ 陆丹林（1894—1972），字自在，广东三水人。幼时读书于达立学堂，后进入广州培英学校。1911年广州起义前参加中国同盟会。性喜书画文物，擅长美术评论，亦善书法，又熟语文史。曾任上海中国艺专、重庆国立艺专教授等。先后主编《大光报》《中国晚报》《道路月刊》《国画月刊》《逸经》《广东文物》《人之初》等刊。

组织法》，正式将市作为一级行政区划。在此之前，虽有广州、武汉、上海、南京等地的设市称市，也有北洋政府所颁布的《市自治制》，但这一时期市的设置仍属于孤立个案。同样，发生在20世纪二三十年代的市政改革运动，也可以1928年分为两段，前期仍停留于知识界，主要以讨论为主，较少有实践，即仍处在"呼唤市政"的阶段；后期则在1928年市制的基础上，不仅涉及思潮，更涉及切实的城市建设与城市管理，可谓"推行市制"阶段。"呼唤市政"对"推行市制"起着呼唤与指导的作用，并与"推行市制"阶段中南京国民政府推行市制等一系列活动相互辉映，互相渲染。故而，本章关注此次市政改革运动的对象，即1928年前的部分，也就是所谓的"市政改革思潮"。

对于民国初年有关市政改革思潮的研究，学术界已经取得较为丰富的成果。诸多学者中，赵可对这一问题的研究较为深入，分别探讨了20世纪二三十年代市政改革与城市发展的关系、留美知识分子对城市的认知及对市政改革的探索[①]。史明正的《走向近代化的北京城——城市建设与社会变革》一书分析了北京市政管理机构在城市近代化过程中的演变及其作用，探讨了市政发展与城市变革对城市市民的影响。[②]涂文学的《近代"市政改革"——影响20世纪中国城市发展的历史性变革》以20世纪二三十年代的市政改革为探讨对象，重点总结了其对当下城市发展的意义。[③]高路探讨了清末至抗战爆发前国内知识界对城市化道路的探索。[④]王亚男和赵永革的《近代西方"市政建设"思想的引入和对北京发展方向的讨论》一文论述了20世纪二三十年

---

[①] 参见赵可：《市政改革与城市发展》，北京：中国大百科全书出版社，2004年。赵可：《清末城市自治思想及其对近代城市发展的影响》，《史学月刊》2007年第8期，第49-55页。赵可：《20年代我国留美知识分子对市政体制改革的探索》，《四川大学学报》（哲学社会科学版）1999年第4期，第101-107页。赵可：《20世纪20年代新型知识分子城市观念的变迁——以归国留学生为中心的考察》，《社会科学研究》2003年第5期，第117-121页。

[②] 参见史明正：《走向近代化的北京城——城市建设与社会变革》，北京：北京大学出版社，1995年。

[③] 参见涂文学：《近代"市政改革"——影响20世纪中国城市发展的历史性变革》，《学习与实践》2009年第9期，132-142页。

[④] 参见高路：《"城市中国"的探讨——民国前期（1912—1937年）社会精英对城市现代化道路的求索》，北京：中国社会科学出版社，2016年。高路：《1900—1937年中国社会精英对城市化与城市现代化道路的探索》，华中师范大学博士学位论文，2013年。

代中国学者的"市政建设"思想以及对北京城市发展的设想。[1]

　　既有的研究中，往往以 20 世纪 20 年代海外留学生归国或将 1921 年《广州市暂行条例》的颁行作为市政改革运动的起始，并将 20 世纪二三十年代作为一个整体来讨论。将 1920 年前后作为市政改革运动的起始的研究路径导致了研究者对清末至民初延续下来的市政改革思潮的萌芽关注不足，将 20 世纪二三十年代作为一个整体来讨论的做法则又忽略了 1928 年市制推行前后的不同。因此，笔者认为，中华民国建立至 1937 年抗日战争全面爆发前的近三十年中的市政改革运动可以分为三个阶段：第一阶段为民国前十年，国内仍处于市政改革思想的萌芽期；第二阶段为 1920 年前后至 1928 年南京国民政府推行市政，此为市政改革思潮的发展期，又可以称为市政改革实践的萌芽期；第三阶段则为 1928 年推行市制至日本帝国主义发动全面侵华战争，这一时期，市政改革运动达到高潮，市政改革思潮与市政改革实践互相渲染，共同推动了这一时期国内市政的发展。但限于国民政府对市制的界定，市政学者的关注点更多地转向了市政设施的建设与市政观念的传播。故而，本章即以民国前期（1928 年之前）的市政改革思潮为研究对象，梳理这一时期国内市政思潮兴起的原因以及这一思潮对市政的讨论，以求对近代有关市政问题的讨论以及近代市制的演变有一个更加深的理解。

　　本章所使用的材料，主要为《市政全书》《道路月刊》以及同一时期出版的相关书籍、报刊。《市政全书》是对这一时期国内有关市政文章的汇总，尤其显得重要。需要解释的是，《市政全书》第五版出版的时间虽然为 1931 年，然而，除了该书董修甲、邵元冲[2]、陆丹林等人的序言为新增，正文部分与 1929 年 4 月出版的第三版并无区别。目前尚不知第三版与 1928 年的第二版及 1928 年 7 月第一版相比，是否有改动。但第五版《市政全书》足以反映 1928 年前的市政思想。本章在引用的时候已注意到这一问题。

---

　　① 参见王亚男、赵永革：《近代西方"市政建设"思想的引入和对北京发展方向的讨论》，《北京社会科学》2007 年第 2 期，第 90-95 页。
　　② 邵元冲（1890—1936），名庸舒，字元冲，字翼如，浙江绍兴人。1903 年中秀才，1906 年加入中国同盟会，1907 年考入浙江高等学堂。1911 年赴日留学，结识孙中山。1912 年归国任《民国新闻》总编辑。著有《各国革命史略》《孙文主义总论》《西北揽胜》等。

## 第一节　市政改革思潮的基本面向

　　民国初年市政改革思潮的参与者主要包括两个群体：一为居城新型知识分子，从自身对中国城市（租界与非租界）的体验与认知出发，探讨城市发展与城市管理，其更多所表达的是一种本土内生的市政改革思想，所效仿的对象多为在华租界与使馆区；二为海外归国留学生，多为将欧美市政改革成果介绍到国内，是一种外来的市政改革思想，其所标榜的对象，则为租界与使馆区的"母体"——欧美各国，尤其是美国。如此，两股潮流，一本土一外来，共同汇入民国二三十年代市政改革的洪流。这一时期参与市政改革的两个群体，第一个群体始终存在，在延续清末的基础上，贯穿整个民国前期；而第二个群体，即海外归国留学生群体，则在 20 年代登上历史舞台，通过介绍与引进欧美，尤其是美国最新的市政改革思想，对国内市政的发展产生了更大的冲击。

　　早在清朝末年国人已开始关注海外各国的市政建设，且经历了一个从认知到效仿，从叹其市政设施到学其市政制度的过程。以最早的一批驻外使节与留学人士为例，薛福成所见之巴黎，"马赛铁路，处处通行，遥望之几如蛛网。……驰观巴黎风景，其街道之宽阔，阛阓之闳整，实甲于地球"①。横跨塞纳河的巴黎，"闳整巨丽，称于欧洲。教堂、技艺馆、博物馆、藏书阁无不美备。而服用之精，器具之巧，为他国所效法"②。梁启超在《新大陆游记》中提道："纽约触目皆鸽笼，其房屋也。触目皆蛛网，其电线也。触目皆百

①　薛福成：《出使四国日记》，长沙：湖南人民出版社，1981 年，第 30 页。
②　薛福成：《出使四国日记》，长沙：湖南人民出版社，1981 年，第 39 页。

足之虫，其市街电车也。"[1]而纽约之交通，"街上车、空中车、隧道车、马车、自驾电车、自由车，终日殷殷于顶上，砰砰于足下，辚辚于左，彭彭于右，隆隆于前，丁丁于后，神气为昏，魂胆为摇"[2]。

当然，国内观察人士不仅去关注欧美，其他近代化程度较高的地区也在考察的范围。王韬眼中的香港：

> 香港蕞尔一岛耳……丛莽恶石，盗所薮，兽所窟，和议既成，乃割畀英。始辟草莱，招徕民庶，数年间遂成市落。设官真（置）吏，百事共举，彬彬然称治焉。遭值中国多故，避居者视为世外桃源。商出其市，贾安其境，财力之盛，几甲粤东。呜呼！地之盛衰何常，在人为之耳。故观其地之兴，即知其政治之善，因其政治之善，即想见其地官吏之贤。[3]

赵可在对晚清知识分子的城市观念进行分析后认为："晚清知识分子的城市观念在萌动时期表现出的强烈政治化倾向，是近代中国知识阶层在半殖民地半封建化程度不断加深的时代背景下急于向外寻求救国思想资源的体现。"[4]进一步来说，晚清知识分子城市观念的政治化倾向并没有因清末的政治变动而终结，反而在民国初年得到了很好的继承与延续。北洋政府农商部次长金邦正率同农商部、内务部、外交部以及吉林地方军政官员十余人赴朝鲜参观朝鲜总督府举办的"朝鲜物产共进会"。时任第四期知事试验襄校委员、内务部警政司司长王扬滨除了参观"朝鲜物产共进会"，还顺便考察了朝鲜市政。在其与万葆元所编写的《朝鲜调查记》中，王扬滨等人对于日本殖民当局的所谓"政绩"投以了赞赏的眼光。[5]

到了20世纪20年代，知识分子城市观念的政治化倾向被归国留学生群体所继承。这一时期，留学生多在出国寻找富国强民之径时，开始转向对市

---

① 梁启超：《新大陆游记》，北京：社会科学文献出版社，2007年，第50页。
② 梁启超：《新大陆游记》，北京：社会科学文献出版社，2007年，第50页。
③ 王韬：《弢园文录外编》（第八卷），北京：中华书局，1959年，第126页。
④ 赵可：《晚清知识分子城市观念的萌动与走向》，《中州学刊》1999年第1期，第135页。
⑤ 王元周：《认识他者与反观自我：近代中国人的韩国认识》，《近代史研究》2007年第2期，第69页。

政科学的关注。以留美学生白敦庸为例。对于其关注视野的转向，白氏曾自述道：

> 民国八年，敦庸负笈美国，见彼邦城市之治理，迥异中土，市民熙熙攘攘，共享太平，心羡而乐之。……遂变更未出国前之志趣，弃工厂管理之学而攻市政管理。意谓欲为大多数人谋幸福，莫如致力于市政，因城市为多数人民聚集之所。一城治理，则能享受福利之人自较工厂享受福利之人为多。推而广之，全国城市都能治理，则能享受福利之人自必更多。志学之初，因在大学中所习者以政治经济学为主科，社会学为副科，而于市政工程之学未遑兼顾，故专注意于管理方面。①

根据赵可的统计，这一时期留学海外学习市政的新型知识分子当在 70 至 100 人之间，其中 54 人有较为详细的资料。②随着留学生的归国，20 世纪 20 年代市政改革思潮进一步高涨，一批知识分子开始著书立说，组建专业学会，宣传并介绍美国市政体制，抨击国内市政发展问题，讨论国内市政发展路径与方向。于是乎，市政体制问题引起社会各界的广泛关注。时人有言："故年来地方自治之声浪洋溢于耳，各大通商口岸之居民复因种种需求与刺激，感觉创办市政之必要，于是乎市制度乃极为一般人所注目。"③当然，在 20 世纪 20 年代，国内关心市政的知识分子也依然活跃在舞台上。以陆丹林为例。陆氏不仅编纂了《市政全书》，更是多次撰文讨论市政。国内的知识分子与归国留学生群体相合流，互相激扬，共同推动了这一时期市政改革思想的发展。

从一定意义上来讲，由于美国的市政改革取得巨大的进步，日本的市政改革相比之下则处于落后地位。但由于中日两国地理上的关系以及日本城市建设与发展中更多的东亚性，日本在市政建设上对于中国仍有借鉴意义。正如殷体扬转述日本大使馆若杉代办的话："日本的好处，就是能够广取英美

---

① 转引自赵可：《市政改革与城市发展》，北京：中国大百科全书出版社，2004 年，第 73 页。

② 赵可：《20 世纪 20 年代新型知识分子城市观念的变迁——以归国留学生为中心的考察》，《社会科学研究》2003 年第 5 期，第 118 页。

③ 张锐：《市制新论》，上海：商务印书馆，1926 年，第 2 页。

德法意等国的长处，作为一国之有，所以比较经济便宜。"①

以这一时期赴日本学习市政的中国留学生为例，可以进一步了解这一时期赴海外学习市政的留学生的基本面向。

表 2-1 近代部分市政学赴日留学生及教育背景表

| 姓名 | 教育背景 |
|---|---|
| 张维翰<br>（1886—1979） | 毕业于云南政法学堂，1918 年冬赴日本研究地方行政，先后入东京帝国大学及东京市政研究会，1922 年 3 月回滇。 |
| 李宗黄<br>（1887—1978） | 1918 年赴日本，考察日本地方自治。1919 年 1 月，任云南省市政公所督办。 |
| 白日新<br>（生卒年不详） | 留学日本，大阪商科大学市政系毕业。 |
| 谢乐康<br>（1911—1950） | 留学日本，京都帝国大学市政学院毕业。 |
| 吴英略<br>（生卒年不详） | 留学日本，中央大学研究市政毕业。 |

资料来源：赵可《市政改革与城市发展》，中国大百科全书出版社 2004 年版，第 75-78 页。

以张维翰为例，他著有《都市计划》《法制要论》《行政法精义》《地方自治实务》《田园都市》等。张维翰"素所醉心田园化的都市和都市化的田园之两种企图"。他主要翻译日本人所著的有关霍华德及其田园城市理论的著作，把田园城市思想和运动介绍到中国。在留学日本考察市政时，张维翰发现由日本内务省地方局编译出版于明治末年的《田园都市》一书，"读之如获良友"，回滇后译为中文，交由上海华通书局出版，"律吾国有志于都市及农村之改良运动者，资借镜焉"。在此之前，张维翰还将日本人弓家七郎所著的《英国田园市》翻译成中文，于 1927 年由上海商务印书馆作为"市政丛书"的一部出版，介绍英国都市建设情况与特点，主要包括城市的田园化、田园城市的滥觞、霍华德思想的背景等。张维翰接受了田园城市理论后，就主张在国内进行田园城市的建设，比如在他任职昆明市政公所督办期间，一直致力将昆明发展成为理想的、田园化的新都市。在抗战期间，就陪都重庆

① 殷体扬：《赴日考察印象记》，《市政评论》1935 年第 3 卷第 20 期，第 3-6 页。

的城市建设，他在《对于陪都建设计划的意见》中也主张进行田园城市的建设，"以实现田园新市之理想"。

在传播市政改革思想的同时，一批市政团体也先后成立。这一时期，中华市政协会、市政问题研究会、中国市政研究会、中国市政建设协会等一批市政团体如雨后春笋般出现。中华市政协会于1927年在上海成立，该会代表人物便是董修甲，此外，臧启芳、白敦庸也是该会成员。该会宗旨为"以联络市政同志调查市政状况研究市政学术促进市政发展"，暂定的会务为下列各项："（一）调查市政实况；（二）研究市政问题；（三）辅助市政发展；（四）编译市政书报；（五）介绍市政专门人才；（六）答复市政问题之咨询；（七）促进其他关于市政及地方自治事项。"[1]另一个著名的市政团体，便是1933年殷体扬在北平发起的市政问题研究会。该会创办《市政评论》，主张制定城市自治法规和都市计划，逐步进行市政建设，从而把全新的市政观念和以美国为代表的市政改革的世界性潮流迅速传播到国内，并自觉地从整个世界城市的发展趋势来思考中国城市的发展问题。[2]这一批市政团体的先后出现，为市政改革运动的推行营造了声势。"市政专家们也由此聚集在以改革市政、推进地方自治为宗旨的学术研究团体中，规划中国城市发展的前景，为动员广大市民参与和关注市政改革运动而译著市政书籍，进行启蒙工作。"[3]

## 第二节　改革市政的目的：改革市政与改革国政

在中华民国建立至推行市制的近二十年中，国内虽已出现市政萌芽，部分城市设市或称市，然未能成为影响全国之风潮。1921年2月广州市自治团

---

① 白敦庸：《市政举要》，上海：大东书局，1931年版，第20页。
② 参见陆丹林：《市政全书》，上海：道路月刊社，1931年，第27—38页。
③ 赵可：《市政改革与城市发展》，北京：中国大百科全书出版社，2004年，第123—124页。

体成立以前，中国并没有真正意义上的市政团体，而 1921 年 7 月北洋政府颁布《市自治制》以前，中国更没有市自治的法令。且即便北洋政府颁布了《市自治制》，但这个法令也只是一纸空文，并未得到落实。对于清末民初市制与市政的发展，臧启芳曾有专门论述，且有代表性：

> 所以就市政府组织一方面而言，仅是我国将来市政上一个应当首先解决的大问题，并没有刻意叙述及批评的历史。虽然，数千年来，我国不是没有城市生活，也不是没有关于城市任务的设施，所不同者，地方自治丝毫未办，一切城市任务不归中央政府直接办理，即归代表中央政府之下级行政机关办理，并没有归市自治团体自行办理的罢了。[①]

正如本书第一章中所指出的，臧启芳将清末至 1925 年间国内市政的发展分为清末设警察立学校以前、清末设警察立学校至中华民国成立和中华民国成立至 1925 年三个阶段。但即便是从中华民国成立到 1925 年的第三个阶段国内市政的发展，臧启芳也并没有给出很高的评价。[②]他认为，这一时期的北京马路坑洼不平，电灯、电话、公园等公共事业专以盈利为目的，公共卫生堪忧。同时，臧启芳认为，成都的市面破烂不堪，武汉的市政建设也难以令人满意。一方面是清末以来国人目睹的海外城市市政的先进，另一方面是国内城市市政的发展远远没有达到市政学者所预期的情况，如此市政运动呼之欲出。

由于中国市政在清末民初未得到有效发展，故而，此次市政改革思潮兴起的目的表面上是基于对国内市政的批判进而改革市政，而实际来说，从更深层次上市政改革群体则寄希望于改良市政以改良中国，进而富国强民。"市政"始终与"国政"相关，成为 20 世纪 20 年代市政改革思潮的主要特点之一。

改良市政的直接原因，实为对国内市政发展的不满。对国内市政的批判方面，陆丹林与臧启芳的言论具有代表性。陆丹林为《市政全书》所写的编者自序中，如是描述民国初期十年的市政建设："各省市镇受时潮的激荡，而

---

[①] 臧启芳：《市政和促进市政之方法》，《东方杂志》1926 年第 22 卷第 11 期，第 23 页。

[②] 参见臧启芳：《市政和促进市政之方法》，《东方杂志》1926 年第 22 卷第 11 期，第 24—25 页。

略事建设；或官僚直接间接的替军阀做投机事业，来撑场面。所以各地的商埠和市政公所，就如雨后春笋；放宽点来说，无论它的效率怎样，都是中国前途的好现象，或者可以说它是将来建设的胚胎。"①但是，陆丹林也指出：

> 可是我们合全国各地方所办市政而言，其中具有良好成绩的，除了广州市有相当的建设外，实难其选。固然，军阀专横，连年内乱；帝国主义资本武力的侵略，许多初具雏形的都市经营，因受两重的压迫，常显动摇状态，甚至遭受钜（巨）大的摧残，又怎能谈得到有伟大的建设？其他或牵于人事和经济，也没能够充量的扩张；尤其是一般民众对于市政原理和方法，还没有明确的认识，感觉到人民参与施政的权利，除了少数知识阶级之外。②

此外，对于这一时期的市政管理机关与办理市政之人，陆丹林也批评道：

> 况且从前负责办理市政的，所谓督办、会办、坐办、局长、所长等挂名不做事的大人物，不是官僚，就是绅耆。若聘任市政专家来做政务官和事务官的，实在"寥若星辰"。试查欧美都市发达的主要成因，固然他们的科学设计的周详，同时也因为他们受过市政训练和经验的行政官与开明市民的努力合作，造成社会化民众化的开明市政府哩！我们的都市则反是，又何怪所举办的多像"纸扎老虎"空有其表啊！③

当然，虽然城市被视为"万恶之源"，却正如上文中所提到的，批评既有市政的问题并不是这一时期市政思潮的最终落脚点，其最终目的实为借改良市政以改良中国。对于市政改革的重要性，1931 年出版的《市政全书》（第五版）的序言部分集中回答了这个问题。董修甲在为《市政全书》所写的序言中即强调：

> 文化发源于城市，万恶亦荟萃于城市。创办良好市政，既可真行一国物质与精神上之文化，使之发扬光大，以崇国家而耀民族；复可改良恶劣不健之社会，使市民居其中者，得可安居乐业，共享

---

① 陆丹林：《市政全书》，上海：道路月刊社，1931 年，编者自序。
② 陆丹林：《市政全书》，上海：道路月刊社，1931 年，编者自序。
③ 陆丹林：《市政全书》，上海：道路月刊社，1931 年，编者自序。

太平。故市政为20世纪各国之急务。尤我国当今唯一之要图。虽然，城市行政，千端万绪，经纬异常，岂易办理，如能参考各国之成规，与专家之意见，各依个地方之特别情形，择善而从，不善而改，于举办市政时，实能事半功倍。[1]

同样，邵元冲为《市政全书》所写的序言中，也表达出同样的观点。邵元冲认为：

> 晚近政治之进步，其尤著者在于市政。举一切交通、教育、工程、公用、治安、卫生，以逮养老恤幼有关于群众之乐利及幸福者，莫不于是备之。其择才也精，而趋之也专。故欲觇一国之政治，必视其都市以为衡。由都市而推之乡镇，其治之隆替可知也。我国近年矣稍稍言市政矣，其著者有南京、北京、广州、上海、武汉、杭甬、昆明，然以政情屡变，主示者不得瘁智而久赴之，或作或辍，支离而为之，劳多而功寡。然国人既渐谂市政之为要，则亦稍稍从而研治之。[2]

顾在坻在为《市政全书》所写的序言中，则首先表达了对既有市政的不满：

> 南北两都[3]，予皆往之，宫阙苑囿之壮，不下于古。而市政之颓败，街巷崎岖，间阎湫隘，风气沙扬，雨降渠成，车马倾覆，人视畏图。至如休憩之所、燕乐之场，为万民设者，更陋鄙不足述。夫以都城首善之区，人文荟萃之地，系中外人之观瞻，国家竭力经营，其效可睹者仅仅若此，则亦何论穷乡僻壤远人所不至、国家经营之所不及者哉。泰西各国，于市政之修倍切。于宫阙苑囿，凡所施设，亦以国家全力，自都会而及乡村，无不秩然井然。入其境者，雍容肃穆，乐而忘返焉。盖非欲以此示财富民阜，眩外人之目，繁文缛节，导人民以侈。而市政一修，财富民阜，实寓于无形。强国之基，是特其大者尔。革命成功，政治清明，偃武修文，首重市政。[4]

---

① 陆丹林：《市政全书》，上海：道路月刊社，1931年，董序。
② 陆丹林：《市政全书》，上海：道路月刊社，1931年，邵序。
③ 指南京、北京。
④ 陆丹林：《市政全书》，上海：道路月刊社，1931年，顾序。

王正廷①在为《市政全书》所写的序言中指出：

> 国家之有市政，犹人身之有仪饰也。觇人国者每睹其市政之良
> 窳，而市政之美恶，国运之隆替，胥于是焉判之。其关系之重且大
> 如此，顾可以忽之哉？我国以数千年文化之旧邦，屹立东方。世人
> 近瞩远瞻，糜或不加之意。而环视境内，关于市政需要之设施，容
> 有未备。今年以来，首都及各大商埠，瓶立机关，积极筹划，经营
> 整理，急起直追，文质斐然。一日千里，他日者街市之繁盛，交通
> 之发达，建筑物之敷设，工商业之振兴，尽力展布，实效可期。渐
> 而推及各乡县，模范有资，造成全国之簇新气象。以新文采，而佐
> 旧文化。精神淖越，必臻强盛之基。则 20 世纪以后之中国，其国
> 际地位，讵更瞠乎人后哉！②

如若说董修甲、邵元冲、顾在埏、王正廷等人的序言尚不足以彻底解释
市政改革与改良中国的关系，臧启芳在《市政和促进市政之方法》中通过对
比中国与欧美市政给出进一步的答案：

> 前边曾说过，市政府是地方政府之一，市自治是地方自治之
> 一。然而欧美的政治学者和大学校为什么在地方政府与地方自治之
> 中特别侧重市政的研究呢？他们侧重市政研究的事实可以从著作
> 出版和大学校课程看出来。现今欧美论究市政的出版物实在是汗
> 牛充栋，不可胜数。大学校差不多全添了市政讲座。推其侧重的
> 原因不外两种：一则因近世人口渐集中城市（例如美国，据 1920
> 年统计报告城市居民已超过全国人口之半数），若能改良城市居

---

① 王正廷（1882—1961），字儒堂，浙江奉化人。天津北洋大学堂肄业。后留学
日本和美国，1911 年回国，任鄂军都督府外交副主任。民国建立后，历任工商部次长
兼署总长、参议院副议长、护法军政府外交总长等职。1918 年赴美接洽美国承认军政
府事宜。次年为中国出席巴黎和会全权代表之一，拒签和约。1921 年任海牙常设公断
法庭公断员。1922 年起，历任北京政府代理内阁总理兼外交总长、财政总长、中俄交
涉督办等职。1928 年任南京国民政府外交部长，并当选为国民党中央政治会议委员、
中央执行委员。1936 年任驻美大使。抗战期间任国民政府委员。抗战胜利后任全国体
育协进会理事长、中国红十字会会长、交通银行董事等。

② 陆丹林：《市政全书》，上海：道路月刊社，1931 年，王序。

民的生活，就算改良了全国多数人的生活。二则因城市居民的思想和活动常足以左右全国的思想和活动。第一种原因是就城市居民的数量观察，第二种原因是就城市居民的影响观察。陶奎威尔（Tocqueville）①说："市自治制度是自由国家的精华。一个国家虽可以建设自由政府的体制，若没有市自治制度，不能有自由精神。"孟洛（Munro）②在他著的《美国市政府》中曾说："城市人口对于全国的影响实在比什么都大。城市中既有思想的领袖，又有无数报纸与创造舆论最有关系，就应当对于美国政治的成功或失败负担超过他所应负担的责任。城市问题绝不是城市居民自己的问题。"左莽德（Drummond）说："我们必当以改良城市为我们现在要作（做）的事。改良城市的人就是改良世界的人。虽然说我们是改良城市，结果城市可以改良我们。我们国家的文野③，社会道德的升降，宗教的利害，子孙的贤不肖，皆随着城市而定。城市现象实在是改革家、慈善家、经济家与政治家所当研究的一个大社会文库。"更有人说：真正爱国"不只是说一个人到了救国的时候肯把他最大的牺牲拿出来就算完了，而且说这个人应当常常对于虽不显著却很重要的责任肯牺牲他的光阴和才能才是。他所应办的是维持公共秩序，保护私人财产，更要驱除藏匿在卑陋民居中、不洁食物中及一切伤害市民的恶浊市政中的危险，以保存他那同胞的生命"。的确，像我国这样的古国，城市生活最久，城市居民极多，城市思想和活动又很有影响于全国政治、经济及其他各种改革，我们若能把各城的市政都兴办起来，慢慢使各城的市民都生活在安适、快乐和进步的生活中，一切国家问题和社会问题可算是解决了一多半。④

---

　　① 指亚历克西·德·托克维尔（Alexis de Tocqueville，1805—1859），法国历史学家、政治家。

　　② 指威廉·贝内特·蒙罗（William Bennett Munro，1875—1957），加拿大历史学家、政治学家。

　　③ 指文明与野蛮。

　　④ 臧启芳：《市政和促进市政之方法》，《道路月刊》1926年第18卷第3期，第24—25页。

当然，市政问题仍需放置于整个国政之下，也或多或少地打上了国民党的烙印。故而，随着国民革命的发展，在这一时期，也产生了在"三民主义"背景下是否需要市政以及如何推行市政的讨论。对此，蒋小秋特撰写《在三民主义下的市政问题》一文进行探讨。文中，他引用蒋介石的话：

> 吾人革命之目的，在排除障碍，建立新治，俾民众享有真正之幸福。……建设之事万端，唯市政最为先务。诚以都市者，人民之所集中，文化于以胎息，政治效用，切近易观。民生福利，非此无以筑其基。民权运用，非此无以植其始也。①

此外，他也转引了《学生杂志》（第 14 卷第 5 号）中《学生与市政》一文中的一句话，即"训政时期中的地方行政，就是市政"。蒋小秋借此来强调三民主义时期兴办市政的重要性。

## 第三节　有关市政的讨论与推行市政改革之办法

对于近代中国，市政可谓为一新鲜事物，故而在整个市政改革思潮中，论者们主要围绕对于"市政"的理解、城市的自治权限与市政府组织模式、如何推动国内市政发展与推广市政改革思想等几个方面进行讨论。

20 世纪二三十年代的这次市政改革运动，其所谓的"市政"，有多种解释方式。董修甲认为："城市所举办之一切兴革事宜，如卫生、公安、工程、公共营业、慈善、教育等，皆为市政。"②董修甲所认为的市政较为倾向市的公共设施建设与公共事务管理。中华全国道路建设协会在其会刊《道路月刊》

---

① 蒋小秋：《在三民主义下的市政问题》，载陆丹林：《市政全书》，上海：道路月刊社，1931 年，第 56 页。
② 董修甲：《市政学纲要》，上海：商务印书馆，1927 年，第 11 页。

上回答读者关于"市政"二字如何理解的提问时称："市政二字，原系译自英文 Municipal Administration 二字。Municipal 字义为'属于城市地方自治的'，Administration 字义为'行政'，故 M. A. 二字，为城市地方自治的行政，即市政也。"[①]这一解释则明显侧重于城市行政角度，认为市政即是市行政。

而臧启芳的观点，则可谓为上述两种观点的融合。臧启芳即认为："研究市政的程序大概可分为两层：一层是市政府或市自治团体组织的问题，一层是市任务或各项市政设施的问题……不先解决第一层问题，没有办理第二层各项事务的主体。"臧启芳所谓之第一层，即市政体制问题，包括"市自治法应当归何方制定，才能适应地方需要；市选民应当怎样发表他们的意见，才能表示民意，保持民权；市政府应当怎样组织，才能一方不违反民治主义，一方复能收最大效率；市政府各机关的权限应当怎样分配，才能收功协作，不相轧轹（意为倾轧）；市政府与省政府或中央政府的关系应当怎样定明，才能既保持中央监督，又不妨害地方自主。这些都是第一层里所应研究的事"。第二层则为市政的具体职能，臧启芳认为包括"警察应当作（做）什么事，怎样编制；火灾应该怎样防制，怎样扑救；实物应当怎样检查；传染病应当怎样预防；学校应当怎样设备；赌博应当怎样禁止；街道应当怎样铺修；鳏寡孤独废疾者应当怎样救恤"[②]。如此来看，20 世纪初，国内有关"市政"的认知是多维度的，也正是维度的多元，促进了市政学者之间的交流与争鸣。

对于如何办理市政，则需要探讨市政办理的主体——市政府、市政公所的自治职能与组织形式。市，作为一级新的政区而存在，且作为推行市政的主体，对于市政府、市政公所的组织模式与职能的讨论则愈发显得重要。正如上文中已提到的，民国之前，中国并不存在作为政区意义上的市，遑论市政府组织形式。而 20 世纪二三十年代市政改革思潮所标榜的范式，则是经过改革后的美国的市政体制。对此，我们首先需要梳理一下这一时期以及稍前的美国市政体制。19 世纪末到 20 世纪初，随着美国工业化与城市化的深入，既有的"弱市长制"市政体制无法解决城市发展中所面临的诸多社会问题，以

---

① 李桂芳：《路市问题咨询》，《道路月刊》1935 年第 47 卷第 3 期，第 104 页。

② 臧启芳：《市政和促进市政之方法》，《道路月刊》1926 年第 18 卷第 3 期，第 24 页。

致市政大权为一批被称为"城市老板"（City Boss）的政治集团与政客把持，导致城市管理混乱。为扭转这一恶局，20 世纪初，一批知识分子与市政专家在美国掀起了一场以革新市政体制、推进城市民主为目的的市政改革运动。[①]通过改革，在美国形成了强市长制、委员会制与经理制三类现代市政体制。[②]与此同时，城市民主也得到发展。

中国近现代的市政改革思潮所学习的便是美国的市政体制。先后在加州大学与伊利诺伊大学求学的臧启芳即认为："到 20 世纪开始的这几年，美国市政的进步最大。……市自决制（Municipal Home Rule）的运动日见得势，市政府组织也发生了新变化，而有委员制（Commission Plan）和经理制（City-manager Plan）两种体制出现，美国市政确开了一个崭新的局面。"[③]同一时期著名市政专家董修甲对比欧美各国城市化的状况之后撰文指出："在 20 世纪初期，美国对于城市政府，锐意改良进步甚多。对于政府组织，一改再改，其委员会制度，与市议会经理制，为当今最新之组织制度。世界各城市，均注意焉。至城市行政，亦有彻底之改进，其旧有事业，日见发展，逐渐改良，对于新事业，则次第提倡"，对于中国而言，美国的市政体制改革应为国内改良市政体制之范本。[④]

需要注意的是，要理解市政体制，就需要关注市的行政地位。20 世纪 20 年代中叶，市制未创，尚未出现高于县的特别市（院辖市）与平行于县的普通市（省辖市），故而，臧启芳即认为，"地方政府（Local Government）不限于市政府（Municipal Government）一种，大于市的有省政府与县政府，小于市的有乡政府"，即其所理解的各级政府从高到低排列为省政府、县政府、

---

① 参见周娴：《美国市政的历史进程》，《南开学报》1997 年第 1 期。邢佳佳：《城市化与美国市政体制改革》，《山东师范大学学报》1998 年第 3 期。

② 美国现代市政体制的三种基本类型详见中国大百科全书总编辑委员会《政治学》编辑委员会、中国大百科全书出版社编辑部：《中国大百科全书·政治学》，北京：中国大百科全书出版社，1992 年，第 234-235 页。

③ 臧启芳：《市政和促进市政之方法》，《道路月刊》1926 年第 18 卷第 3 期，第 28 页。

④ 董修甲：《各国市行政之发达史》，载陆丹林：《市政全书》，上海：道路月刊社，1931 年，第 97 页。

市政府、乡政府。这与市制推行后市或高于县，或平行于县①的情况大有不同。而臧启芳之所以有这种认识，很大程度上是受北洋政府于 1921 年 7 月所颁布的《市自治制》的影响。《市自治制》即将全国城市按照其行政地位划分为相当于县的特别市与受县知事监督的普通市。②

对于如何推动国内市政发展，臧启芳首先分析了欧美市政进步的原因："（一）城市早就有了地方自主权（Local Autonomy）；（二）市民多具有自觉心；（三）平民主义发达；（四）科学进步。"而对于如何推动国内市政的发展，他认为，可以从推行以市自治为基础的市制、提高市政效率与推广市政改革思想三个角度进行推进。

在推行以市自治为基础的市制方面，臧启芳认为：

> 为求树立市自治的基础及确定地方自主权之故，中央政府当立即制定通用全国的市自治法典，对于地方权限的规定当采取德法概括的办法。我国版图辽阔，可以创立市自治的地方无虑数千，然而各地人民大都智识缺乏，没有自己组织地方自治政府的经验和惯性，故中央政府应当以法律督促之。督促的第一步就是从速制定通用于全国的市自治法典，使各地方都可以根据这个法典成立市自治政府。民国以来国家政治所以越弄越坏的原因，虽甚复杂，而大家忽略了市县地方自治政府的建立，恐怕是一个很大原因。……从这里看来，中央政府倘能从速制定市自治法典，不但可以树立市自治的基础，且可以裨补全国政治问题的解决。③

当然，臧启芳在论述中也注意到中国疆土极大，各地情形极不相同的现实。寄希望于把全国各城应有的权限全由市自治法典列举出来，万难办到。所以，他提倡效仿德法概括的办法，"把关系于全国或全省事务的权限在发电中列举出来归中央政府或省政府保留，其余在法典中所未明白禁止市政府行

---

① 即便是平行于县的普通市（院辖市），一旦市县发生纠纷，由于市在政治、经济的影响力上大于县，市县纠纷往往以市取胜、县让步而告终。

②《市自治制》的影响有限，多数城市未能正式设市，少数仅能以设置督办商埠公署或市政筹备处的形式作为市政机关的过渡形式。

③ 臧启芳：《市政和促进市政之方法》，《道路月刊》1926 年第 18 卷第 3 期，第 35-36 页。

使的权限，市政府尽可自由行使。各市更可在不与市政自治法典冲突的范围内自去制定本市的自治规约或市宪法"，如是，"不只是足以保持地方自主权，实可以使各市能按照其需要的程度而定期办事范围，断不至有权限过大或过小的毛病"①。

对于提高市政效率方面，臧启芳认为应分别从提高行政效率与财政效率入手。所谓提高行政效率，即希望办理市政人员可以专业对口：

> 在用人一方面说，最要紧的是用得其当，使被用的人能尽量发挥其才学。例如办理市卫生，断不可不用有医学智识的人；办理市教育，断不可不用有教育智识的人。……晚近政府各机关用人，讲情面的时候多，论才能的时候少，所以弄成个"学非所用"的世界。此后各地方兴办市政必须特别注意这个人的效率的问题。②

对于如何提高城市的市政效率，选拔出合适的人员办理市政，臧启芳认为，办理市政的主要官员是不可以通过考试来选拔的，且考试也不能完全达到选拔人才的目的。但就当时各国通例来看，并没有比考试更好的办法，故而，考试便成了较为妥善的"权宜之计"。而对于如何提高城市的财政效率，臧启芳认为："在用钱一面说，不但中饱与浪费是不经济，就是用之不得其当，也必丧失钱的效率。"③20世纪初，诸多城市皆面临财政困难，故而，臧启芳认为，在财政困难的条件下，需要将市政设施的建设按照轻重缓急来排到，从而能一件一件去做。"分别各项市政设施的轻重缓急本来不甚容易，譬如教育与卫生两项，焉能定那一项是可缓的，那一项是不可缓的。又譬如市卫生中防制传染与检查食物两项，也不能说那一项为轻，那一项为重。不过就差别最大的来看，总可以有先后之分。像讲求市民娱乐一层必不如保护市民生命财产的安全那样紧急重要。有钱若不先用在保护市民生命财产的安全上，而竟先用在供给市民的娱乐上，就算轻重倒置，不能使公款显其最大的效用"。即

---

① 臧启芳：《市政和促进市政之方法》，《道路月刊》1926年第18卷第3期，第36页。

② 臧启芳：《市政和促进市政之方法》，《道路月刊》1926年第18卷第3期，第36页。

③ 臧启芳：《市政和促进市政之方法》，《道路月刊》1926年第18卷第3期，第36页。

臧启芳认为："若讲起用钱的效率，不但须杜绝中饱和浪费的弊病，还须免除用钱不得其当的损失。"

对于推广市政改革思想的重要性以及推广方式，臧启芳认为：

> 为求市政普遍的与持久的进步，学校与社会皆当注意研究市政及教育市民两事。研究市政不但可以求得改良市政的方法，且可以养成办理市政的人才——首领的人才与技术的人才，教育市民不但可以引起市民的自觉，且可以促进平民主义的发达……市政既是为市民而办的，又是市民自治的义务，一般市民至少也应当有关于市政的常识。倘或一城的市民毫无市政常识，比发生两种现象。一则市内应兴应革的事项他们毫不知道，不但不能自己改革他（它），往往不知道要求政府替他们改革；二则他们对于市政府的法令，不会自动的遵行，往往给市政府很多困难，尤以在我国现在这个时候（市政幼稚，应当力求促进的时候），此理最为显著，所以推广市政常识是最为重要的事。①

而对于具体推行的方式，臧启芳认为可以从如下五点着手：

> 一，大学与专门学校添设市政学科；二，设立市政研究会或促进会；三，多译著关于市政的书籍，多出版讨论市政的杂志及小册子；四，市政府随时公布市政实施的概况；五，借演说与电影宣传关于市政的常识。②

推广市政改革思想的重要性在这一时期是诸多市政改革参与者的共识。陆丹林也曾指出：

> 总而言之，都是国人市政知识，过于幼稚，没有开明市民，又怎能有良好的市政呢？或有人说：我国市政专家，实在缺乏，所以各都市多没有详细的计划，和宏大的设施。固然，我国市政专家，实在缺乏，可是以我所相识的，已有好几位专门研究市政的返国后，无

---

① 臧启芳：《市政和促进市政之方法》，《道路月刊》1926年第18卷第3期，第36页。

② 臧启芳：《市政和促进市政之方法》，《道路月刊》1926年第18卷第3期，第37—38页。

所事事，用非所学，天天过那粉笔黑板教书生活；毋怪从前官僚所办的市政，毫无具体组织，只把钉门牌、收房捐、收车捐和修补马路种种枝叶工作，认为根本的计划，成绩又从那（哪）里来呢？那么，传播市政的知识，研究都市问题，在我们意识范围之内，觉得目前很重要的事工了。①

小　结

从清末到民国前十年，本土读书人对本国城市的观察，对租界的观察，对欧美城市的观察，形成对城市、市制、市政的一种内生化见解。进入 20 世纪 20 年代，随着一批在海外学习市政学、经济学、政治学的留学生的归国，欧美尤其是美国先进的市政改革思想传入国内，并引起广泛的讨论。即如塞缪尔·亨廷顿所说的，"现代化的发展是以城市的发展来衡量的"②。海外归国的留学生通过批判国内市政并给出推进国内市政发展的方法，寄希望于改革"市政"从而改革"国政"，其最终目标还是救国救民。民国时期的"市政"始终与"国政"相关，成为 20 世纪 20 年代市政改革思潮的主要特点。以 1928 年为限，探讨 1928 年前国内市政思潮发展的情况，一方面可以观照自清末国内知识界所承袭下来的对市政的关切，另一方面可以尽可能减少政党与政府对市政改革思潮的干预，更便于探讨其本原。

近代以来，一大批中国人都是对先进的大城市抱有向往与赞许之情，即如胡适在为《市政制度》所作的序中指出的："现在中国的情形很像有从乡村生活变到城市生活的趋势了。上海、广州、汉口、天津等处的人口的骤增，多

① 陆丹林：《市政全书》，上海：道路月刊社，1931 年，编者自序。
② 塞缪尔·亨廷顿：《变革社会中的政治秩序》，李盛平等译，北京：华夏出版社，1988 年，第 72 页。

处商埠的渐渐发达，都是朝着这个方向走的。我们这个民族自从有历史以来，不曾有过这样人口繁多、生活复杂的大城市。大城市逼人而来了！"[①]需要注意的是，虽然城市被视为现代化运动的自我空间表现，但是对于 20 世纪二三十年代这场规模浩大的市政改革运动，知识界并非全部支持，有些人基于对传统乡村社会的迷恋，不仅反对市政改革，更是反对城市化，认为城市化非但不是"文明的阶梯"，反而应是"罪恶的渊薮"[②]。故而，对于 20 世纪上半叶的城市化与市政改革运动，仍有很多问题值得我们反思。

---

① 胡适：《〈市政制度〉序》，载欧阳哲生：《胡适文集》（第 4 册），北京：北京大学出版社，1998 年，第 647 页。

② 涂文学、高路：《罪恶的渊薮，还是文明的阶梯？——1900—1930 年代中国的"反城市化"思潮论析》，《天津社会科学》2013 年第 1 期，第 141-144 页。

# 第 三 章

## 近现代中国市政机构的创设

从 19 世纪中叶开始，中国开始了一场前所未有的社会大转型，即李鸿章所谓之"三千年未有之大变局"。在这场巨大的变革中，城市化或者城市的现代化扮演着重要的角色。"城市的推进并不只是一个自然的历史过程；换言之，城市的人口、经济、文化、职能分区与基础设施的发展还应受到政治力量的制约。这种政治力量包括城市的政权结构及地位（如与更高一级权力机构有无从属关系，从属的程度怎样），还有阶级集体的政治意识与权力运动等。"[1]本章主要关注近现代中国市制过程中"市"的权力的形成。

清代知府、知县的权责和府县的政治运行，是学界长期关注的重点。瞿同祖所著《清代地方政府》系研究清朝府县运作的经典之作。该书系统分析了清代州县官的职能及其运作，包括征税、司法、长随和幕友的使用，对于书吏和衙役的依赖，以及公堂或衙门内的办事程序等。瞿氏通过各种手本和札记，同时参考大量的官方资料，全面关注在清代地方政府正式体制中的非正式人事因素的运作，特别关注地方精英或乡绅对政府管理过程的参与，深入研究了地方利益对政府政策的影响。美国《亚洲研究学报》曾称赞该书"为我们提供了迄今为止最为完整的关于中国地方行政运作的图解"[2]。魏光奇所著《有法与无法——清代的州县制度及其运作》一书即探讨清代州县在地方行政体制中的地位，州县行政的治理结构、衙署组织及其各种职能；深入考

---

① 谭天星、陈关龙：《未能归一的路——中西城市发展的比较》，南昌：江西人民出版社，1991 年，第 256—257 页。

② 瞿同祖：《清代地方政府》，北京：法律出版社，2003 年。

察清代州县财政的制度设计、实际运作情况及其家产制性质等。①张研以同治年间广宁知县杜凤治日记为中心，具体考察中国乡村控制体系演变背景下的清代乡村控制体系。②刘洋所著《清代基层权力与社会治理研究》一书以现代政府理论为视角，综合运用官方政书、县衙档案等史料，通过定量统计与定性分析相结合的方法，从主体行政系统、辅佐行政系统、基层军事系统、民间协助系统四个方面对清代基层权力体系在社会治理中扮演的角色作了详尽的论述与分析，全面展现了清代基层社会治理中官民之间多元的互动关系。③

相较于对清代的府县的研究，对民国时期的市政机构的研究已经取得了一定成果。张利民的《艰难的起步：中国近代城市行政管理机制研究》一书对中国近代城市行政管理机制进行了深入的研究。④薛梦缘的《地方自治的探索：民国初期江苏省县下设市实践》一文以民国初期江苏省所设的县辖市为研究对象，考察县辖市的设置背景、空间分布、行政权力变化及实施效果，重新审视了民国初期江苏省县下设市工作的不足与价值。⑤叶舟的《艰难过渡：常州地方自治与城市建设的近代化尝试（1909—1927）》认为，从晚清至国民政府成立之前，江苏常州的城市建设基本上与地方自治密切相关，在某种程度上延续了乡绅治理的传统。由于派系之争、军阀战乱，政府层面的市政建设虽然取得了一定的成效，但是难以持续施展。⑥赵斐《制度、法律与观念：民国时期的设"市"纠纷》一文认为，1928 年《市组织法》颁布，"市"作为地方行政单位正式通行全国，但全国范围的设"市"工作并非一帆风顺，在设"市"过程中出现了地方政府与绅商民众之间、地方政府与中央政府之间以及地方政府内部的设"市"纠纷等。其间折射了中央政府、地方政府、

---

① 参见魏光奇：《有法与无法——清代的州县制度及其运作》，北京：商务印书馆，2010 年。

② 参见张研：《清代县级政权控制乡村的具体考察——以同治年间广宁知县杜凤治日记为中心》，郑州：大象出版社，2011 年。

③ 参见刘洋：《清代基层权力与社会治理研究》，北京：科学出版社，2016 年。

④ 参见张利民：《艰难的起步：中国近代城市行政管理机制研究》，天津：天津社会科学院出版社，2008 年。

⑤ 参见薛梦缘：《地方自治的探索：民国初期江苏省县下设市实践》，《江汉大学学报》2021 年第 2 期，第 50—59、126 页。

⑥ 参见叶舟：《艰难过渡：常州地方自治与城市建设的近代化尝试（1909—1927）》，《史林》2019 年第 5 期，第 14—22、218 页。

市政专家、绅商民众等诸多主体的不同动机和利益诉求，但其背后更深层次的原因主要是制度设计、法律、财政以及时人的认知和思想观念等多重因素。[①]张喜庆、何一民考察了民国时期特别市制度的创设与演变，认为民国时期特别市制度的创设，不仅使大城市成为独立治理的政区，而且提升和明确了大城市的行政地位，标志着近代中国新型城市行政体制的构建首先在大城市取得突破。但从制度建构的历程看，特别市制度源起于自治，却不能成于自治，说明构建新型城市行政体制在制度设计上与制度落地上的偏差。另外，特别市制度虽未成于自治，却又始终纠缠于自治，体现了近代城市行政体制变革的中"痛"与"困"。[②]此外，邵彦涛以兰州设市为中心考察了民国设市标准与财政能力之关系。[③]张文凤、池子华探讨了民国江苏连云市因港设市的问题。[④]

既有的有关清代府县制度和民国时期市制建立的研究已较为丰富，但从整个市政府的视角，从传统府县职能到现代市政府职能的转变问题的研究，则相对薄弱。故而，本章即旨在对传统中国的府县职能、清末民初城市行政机构的初创、20世纪二三十年代市政府的机构设置与职权变迁等问题进行讨论。

## 第一节 传统中国的府县职能

明清之前的中国，并不存在作为一级政区的"市"。中国的城市多以京城、省城、道城、府城、县城等形式而存在，并不是独立的地方行政建制，由

---

① 参见赵斐：《制度、法律与观念：民国时期的设"市"纠纷》，《城市史研究》2019年第2期，第63—83页。

② 参见张喜庆、何一民：《民国时期特别市制度的创设与演变》，《学习与实践》2017年第2期，第111—117页。

③ 参见邵彦涛：《民国设市标准与财政能力之关系——以兰州设市为中心的考察》，《甘肃社会科学》2016年第2期，第101—105页。

④ 参见张文凤、池子华：《市因港设：民国江苏连云市的设置述论》，《兰台世界》2013年第20期，第159—160页。

县治理或由附郭县共治。清代地方政治制度主要沿袭明代，分省、道、府、县四级。府，是中国古代行政区划单位，地位大致上等同于今日的地级市。与府同级的还有直隶州、直隶厅等。府的长官为知府。

清代知府为从四品官（乾隆十八年，即 1753 年前为正四品），"掌一府之政，统辖属县，宣理风化，平其赋役，听其狱讼，以教养万民。凡阖府属吏，皆总领而稽核之"①。对于清代中前期知府的具体职权，已有研究者将其概括为如下六点：

（一）传达政令权。国家政令由知府直达于州县基层。（二）委署州县权与考察僚属权。康熙六年定，"委署州县，宜专责成于知府，而行保举连坐之法"，也就是"令知府于所属，慎择贤能之吏，详呈督抚，严行考核，果堪称职，方准委用。倘有徇庇，将知府并劾"。"大计"之年考察时，州县佐贰属官，令州县官开造贤否事实，申送知府填注考语，送上司查核。州县官及府佐贰属官，亦由知府注考，送该管道官考核，布、按两司转呈督抚。教官之考核专责知府，"由督抚、学政设立贤否总册，大计之年，知府造入详细考语于册内，备上司查核，如有舛错遗漏，罚俸一年"。（三）督征钱粮权与盘查钱粮权。州县征收钱粮，由知府督征。地方绅衿抗欠，知县逐户开出名单报知府，由知府呈报督抚题参。盘查州县钱粮亦专责知府，如有不肖知府需索州县，许州县随时报司道督抚题参革职。（四）维护社会治安权。地方发生自然灾害，知府应委员同州县覆（复）勘，以作蠲免与救济之依据。地方发生盗贼案，保长报知县，知县报知府，由知府转报督抚。户口清册，每季由保长报知县，知县岁终报知府，由知府转报布政司。（五）司法审判权。清代地方司法审判分四级：县为第一审，审理笞杖案。府为第二审（有直辖地方的为第一审），监督县级审判机关，覆（复）审其解来的徒罪案件，裁判民事上诉案，判决州县自理的上诉案。命、盗重案交按察司，按察司为第三审级。督抚为第四审。（六）管理教育事务权。县试之童生，由知县造册送

---

① 席裕福、沈师徐：《皇朝政典类纂》，上海：图书集成局，1903 年，第 5003 页。

本管知府进行府考，以备学政的院考。此外，在雍正时，知府还一度有"密折言事"权。在交通、水利、农桑、旌表节礼等方面，知府亦有专责。①

由此可见，清代知府一般情况下并不亲自治民，主要行使对州县的宣达政令、统辖、监督、稽核等权力，即"总州县之城，而大吏倚为治者也"。

"县"是清代国家正规地方行政机构的最低一级，瞿同祖称其为"一省之内的最小行政单元"②。传统时代，"皇权不下县"，知县为"亲民之官"，行使治民的权力。知县是一县之长，独揽一县的政令，"平赋役、听治讼、兴教化、砺风俗，凡养老、祀神、贡士、读法，皆躬亲厥职而勤理之"（《清朝通典》卷三十四《职官典·州县》）。知县可以视为皇权在民间的化身，堪称"一人政府"。

知县的主要权力是执掌征集全县的谷物，办理诉讼案件，主持教化。也就是"刑名"和"钱谷"。知县的属官有县丞、主簿、典史、巡检以及教谕、训导等。各县县丞、主簿分掌粮马、征税、户籍、巡捕之事，以佐其县；各县巡检掌缉捕盗贼，盘诘奸伪，凡州县关津要害并设之；典史掌监察狱囚；教谕、训导掌管一县之文教。知县属官各县不一，因事务繁简而设。③除了这些正式的职官，县衙还有书吏、衙役、长随、幕友等。吏役也可视为地方政府工作人员，知州、知县要依靠他们推行政令、审理词讼，因而有"与吏胥共天下"之说。而长随、幕友皆可视为知县的私人助理。

知县办公的公署称县衙，并分设三班六房。"三班"是指衙役而言，即壮班、皂班、快班；"六房"即吏、户、礼、兵、刑、工房，是按中央六部对口而设之州县官衙办事机构，一般由知州或知县委派幕宾代管，具体办事人员为胥吏，正式之名称为典吏。六房的具体职能：吏房掌官吏的任免、考绩、升降等，户房掌土地、户口、赋税、财政等，礼房掌典礼、科举、学校等，兵房掌军政，刑房掌刑法、狱讼等，工房掌工程、营造、屯田、水利等。

---

① 赵秀玲：《论清代知府制度》，《清史研究》1993 年第 2 期，第 49 页。

② 瞿同祖：《清代地方政府》，范忠信、晏锋译，北京：法律出版社，2003 年，第 5 页。

③ 参见秦富平：《清朝的县级政权》，《晋阳学刊》1994 年第 5 期，第 78-79 页。

## 第二节　清末民初城市行政机构的初创

　　要探讨民国初年的市政改革思潮，首先需要梳理民国期间市制萌芽的基本情况。自秦以来，中国仅存在城市型政区，即一种面状的行政区划，点状的市始终不是政区的一种。[①]而近代行政意义上的市源于清末的地方自治。1908年清政府颁布《城镇乡地方自治章程》，规定"凡府厅州县治城厢地方为城，其余市镇村庄屯集等各地方，人口满五万以上者为镇，人口不满五万者为乡"[②]，并要求对城镇乡的区域境界也进行划定。该章程首次以法律形式，将城镇与乡村区别开来，分属不同的行政体系。

　　辛亥鼎革，1911年11月，江苏省临时省议会议决通过并实施《江苏暂行市乡制》，延续清末地方自治的思路，设置市、乡办理地方公益事宜。在我国历史上第一次提出了市制的概念，将部分较为发达的县治或镇称市，并设立董事会。这一时期江苏设市的实践，颇具代表性。江苏省主要实行县下设市，即将市设置在县的下一层级。随后的几年内，国内其他部分大城市也设立各类市政机关。北京政府沿袭清末《城镇乡地方自治章程》，但各地情况不一，区别较大。1914年袁世凯停办地方自治以后，江苏等省的市制也停止施行。

　　近代中国大陆第一个具有政区意义的市形成于广州。1921年2月，广东省署公议通过孙科所撰的《广州市暂行条例》，为我国首次以市为行政单位订立的法规。其中规定："广州市为地方行政区域，直接隶属于省政府，不

---

　　① 参见周振鹤：《上海设市的历史地位》，载苏智良：《上海：近代新文明的形态》，上海：上海辞书出版社，2004年。

　　②《城镇乡地方自治章程》（光绪三十四年十二月二十七日颁布）。转引自徐秀丽：《中国近代乡村自治法规选编》，北京：中华书局，2004年，第3页。

入县行政范围。"①由此，广州市成为我国第一个独立于县，且与县平级的行政区域。由是，该规定实际上宣告了中国第一个城市型政区的诞生。②2 月 15 日，广州市政厅宣告成立，由市长及财政、公安、教育、卫生、公务、公用事业六局的局长组成，共同行使市政管理职能。1925 年 7 月，广东划省城城区及附近地区正式设置广州市，并直属于省。③广州市的设置，打破了明清以府县为脉络的行政体系，成为城市型政区的肇始。

南方政府在广州推行市制的同时，北京的北洋政府似乎也注意到广州市制的变化，并于 1921 年 7 月 3 日颁布《市自治制》，这也是第一部全国性关于城市的法规，并将全国城市的行政地位划分为相当于县的特别市与受县知事监督的普通市。然而，因时局动荡，该法令影响有限，多数城市无法正式设市，仅能以设置督办商埠公署或市政筹备处的形式作为市政机关的过渡形式。④

1926 年，北伐军占领武汉三镇后，不久即成立汉口市政委员会（兼辖汉阳县城）与武昌市政厅。1927 年 4 月，国民党中央政治委员会决议将三镇合并，成立武汉市政府。⑤同年 5 月，国民党中央政治会议通过《上海特别市暂行条例》，规定"本市为中华民国特别行政区域，定名为上海特别市"，并规定"上海特别市直隶中央政府，不入省县行政范围"。⑥6 月，国民政府设置南京特别市。在此前后杭州、宁波、重庆等相继设市。这些特别市与省辖市共同组成了中国第一批以市为行政建制的城市型政区。

1928 年 7 月，南京国民政府公布了《特别市组织法》和《市组织法》，正式将市作为一级行政区划。法令规定：市分特别市与普通市两种，特别市直

---

① 转引自钱端升：《钱端升全集》（第六卷下），北京：中国政法大学出版社，2017 年，第 337 页。

② 参见傅林祥、郑宝恒：《中国行政区划通史·中华民国卷》，上海：复旦大学出版社，2007 年。

③ 参见郑宝恒：《民国时期政区沿革》，武汉：湖北教育出版社，2000 年，第 6 页。

④ 参见傅林祥、郑宝恒：《中国行政区划通史·中华民国卷》，上海：复旦大学出版社，2007 年。

⑤ 参见皮明麻：《近代武汉城市史》，北京：中国社会科学出版社，1993 年。

⑥《国民政府公报》宁字第 2 号，1927 年 5 月 11 日，第 12 页。转引自傅林祥、郑宝恒：《中国行政区划通史·中华民国卷》，上海：复旦大学出版社，2007 年，第 106 页。

属国民政府，普通市隶属于省政府。凡首都和人口满百万以上的都市，以及其他有特殊情形的都市，经过中央政府的批准，可设为特别市。据此，全国先后设立南京、上海、北平、天津、青岛、汉口、广州 7 个特别市。对于普通市，法令规定：凡人口满 20 万以上之都市，得依所属省政府之呈请暨国民政府之特许方可建市。1930 年 5 月，国民政府又颁布《市组织法》，废除既有的特别市与普通市，并将市分为直隶于行政院的院辖市与直属于省政府的省辖市两种。如是，国民政府的市制臻于成熟。1928 年南京国民政府公布的《特别市组织法》和《市组织法》，系中国历史上以中央政府的名义所颁布的最早的市组织法，"以中央的名义正式将城市纳入国家行政序列，中国城市终于有了一个正式的名分，从封建行政体系附庸转变为一种独立的政治经济社会实体，获得了地方自治和民主政治优先发展的权利"[①]。

　　此外，20 世纪上半叶，虽然国民政府多次颁布市组织法，将人口与税收视为国民政府批准各地设市的主要标准，对设市的条件加以确定。1933 年长沙设市能够得到行政院的批准，原因即在于当时长沙的人口已经超过 30 万，且市政筹备工作也已经有了头绪。而 1927 年广西所设置的梧州市，则因其人口不满 10 万，并未达到行政院所规定的设市标准，一直未能得到行政院的批准，而于 1932 年被裁撤。当然，这一时期也仍有破格设市的情况，即如果城市地位特别重要，行政院也会降低人口和税收标准予以特批设市。1929 年，广东省鉴于汕头地位的重要性，呈请国民政府批准设置汕头市。这一时期的汕头人口仅 17 万，与国民政府 1928 年颁布的《市组织法》所规定的 20 万人的标准仍有差距，但是，考虑到交通、贸易及税收等因素，的确有设市的必要。于是，国民政府便批准了广东省的呈请。1930 年，汕头即破格设市。[②]而 1935 年，江苏省政府决定设置连云市之时，连云人口也仅 10 万，税收也不多，未能达到设市的标准，但内政部则以连云为滨海重镇为由决定予以设市。[③]

　　当然，设市的结果也并不是永恒的，即使有设市的标准，是否设市也出

---

　　① 高路：《"城市中国"的探讨——民国前期（1912—1937 年）社会精英对城市现代化道路的求索》，北京：中国社会科学出版社，2016 年，第 60 页。
　　② 黄美章：《梅州民国人物评传》，广州：广东人民出版社，2015 年，第 228 页。
　　③ 参见吴松弟：《市的兴起与近代中国区域经济的不平衡发展》，《云南大学学报》（社会科学版）2006 年第 5 期，第 63 页。

现了动态的结果,安庆、福州、开封、西安等城市均经历过设市和裁撤的过程。

根据吴松弟的统计,截至 1949 年共设立过 151 个市,如将其分为三个阶段,抗战以前设立 40 个市,抗战期间设立 41 个,抗战以后设立 70 个。[①]

## 第三节 20 世纪二三十年代 市政府的机构设置与职权变迁

上文已指出,清代知府"掌一府之政,统辖属县,宣理风化,平其赋役,听其狱讼,以教养万民。凡阖府属吏,皆总领而稽核之"[②]。即知府既是行政官,又是检察官;既负责国家政教在一府各州县的施行,又负责监察州县正印和佐杂官员。而知县既是"亲民官",又是"父母官",是皇权在基层的化身,"平赋役、听治讼、兴教化、砺风俗,凡养老、祀神、贡士、读法,皆躬亲厥职而勤理之"。如是可见,清代的府县,政府规模较小,且主要权责即是"刑名"与"钱谷"。城市虽在县的管辖之下,但城与乡并没有区分,而是"城乡合治"。

传统中国,"重乡治而轻市政",统治者认为如果民众聚集在城市中即容易引发社会动乱。即如顾炎武在《日知录》中所指出的,"人聚于乡而治,聚于城而乱。乱于乡,则土地开,田野治,欲民之无恒心,不可得也;聚于城,则徭役繁,狱讼多,欲民之有恒心,不可得也"[③]。此外,传统时代崇尚"上农除末,黔首是富",实行重农抑商政策,使得城市作为商业的集聚地发展相对迟缓,府县官员的城市管理职能也相对较少。

清末民初,政府推行自治与市制,传统的府县制度开始向市县制度转型。新

---

① 参见吴松弟:《市的兴起与近代中国区域经济的不平衡发展》,《云南大学学报》(社会科学版)2006 年第 5 期,第 51—66 页。

② 席裕福、沈师徐:《皇朝政典类纂》,上海:图书集成局,1903 年,第 5003 页。

③ 顾炎武:《日知录》,武汉:崇文书局,2017 年,第 39 页。

的市县制度下，市并不统属县，而是一级独立的行政单位，直接负责城市事务的管理。市政府行政机构的设置，可以直观地展现出市的权力的扩大与下延。而这一时期，市政府的机构设置与职权也随着中国政治经济形势的转变和城市的自身发展而转变。如此，市政机构和职权的变迁，则是审视 20 世纪上半叶中国城市转型的重要切入点。

1921 年 2 月，广东省署公议通过孙科所撰的《广州市暂行条例》，广州市成为我国第一个独立于县，且与县平行的行政区。[①] 2 月 15 日，广州市政厅宣告成立，由市长及财政、公安、教育、卫生、公务、公用事业六局的局长组成，共同行使市政管理职能。[②]

1928 年国民政府颁布《特别市组织法》和《市组织法》，对特别市和市的职权和组织架构进行了规定。

特别市在不抵触国民政府中央法令的范围以内，办理如下事项：

（一）市财政事项；

（二）市公产之管理及处分事项；

（三）市土地事项；

（四）市农、工、商业之调查、统计、奖励、取缔事项；

（五）市劳动行政事项；

（六）市公益、慈善事项；

（七）市街道、沟渠、堤岸、桥梁、建筑及其他土木工程事项；

（八）市内公私建筑之取缔事项；

（九）市河道、港务及船政管理事项；

（十）市交通、电气、电话、自来水、煤气及其他公用事业之经营、取缔事项；

（十一）市公安、消防及户口统计等事项；

（十二）市公共卫生及医院、菜市、屠宰场、公共娱乐场所之设置、取缔等事项；

---

① 傅林祥、郑宝恒：《中国行政区划通史·中华民国卷》，上海：复旦大学出版社，2007 年。

② 郑宝恒：《民国时期政区沿革》，武汉：湖北教育出版社，2000 年，第 6 页。

（十三）市教育、文化、风纪事项。[1]

对于特别市的组织架构，《特别市组织法》规定特别市设市长一人，并分设财政局、土地局、社会局、工务局、公安局、卫生局、教育局。在特别情况下也可增设港务局和公用局。各局职能为：

财政局办理市财政、市公产之管理及处分等所包含之一切财政事项；

土地局办理市土地事项；

社会局办理市农、工、商业之调查、统计、奖励、取缔，市劳动行政，市公益、慈善等包含之一切农、工、商、公益等事项；

工务局办理市街道、沟渠、堤岸、桥梁、建筑及其他土木工程，市内公私建筑之取缔等一切工程及其他公共事业事项；

公安局办理市公安、消防及户口统计等事项；

卫生局办理市公共卫生及医院、菜市、屠宰场、公共娱乐场所之设置、取缔等事项；

教育局办理市教育、文化、风纪事项；

如果市增设港务局，则由港务局负责办理市河道、港务及船政管理事项，如未增设，由工务局掌理；

如果市增设公用局，则由公用局负责办理市交通、电气、电话、自来水、煤气及其他公用事业之经营、取缔事项，如未增设，亦由工务局掌理；

此外，特别市政府设秘书处，掌理文牍、庶务及其他不属于各局专管事项。[2]

---

[1]《中央政治会议第 145 次会议通过〈特别市组织法〉（民国十七年六月二十日中央政治会议第 145 次会议通过）》（1928 年 6 月 20 日）。转引自屈武：《国民党政府政治制度档案史料选编》（下），合肥：安徽教育出版社，1994 年，第 304 页。

[2]《中央政治会议第 145 次会议通过〈特别市组织法〉（民国十七年六月二十日中央政治会议第 145 次会议通过）》（1928 年 6 月 20 日）。转引自屈武：《国民党政府政治制度档案史料选编》（下），合肥：安徽教育出版社，1994 年，第 304-305 页。

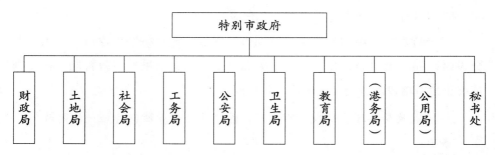

图 3-1　1928 年国民政府颁布《特别市组织法》所规定的特别市政府组织架构

　　而对于市职权，1928 年国民政府颁布的《市组织法》则规定，市于不抵触国民政府中央及省政府法令范围之内，办理下列事项：

　　　　（一）市政事项；

　　　　（二）市公产之管理及处分事项；

　　　　（三）市土地事项；

　　　　（四）市农、工、商业之调查、统计、奖励、取缔事项；

　　　　（五）市劳动行政事项；

　　　　（六）市公益、慈善事项；

　　　　（七）市街道、沟渠、堤岸、桥梁、建筑及其他土木工程事项；

　　　　（八）市河道、港务及船政管理事项；

　　　　（九）市交通、电气、电话、自来水、煤气及其他公营事业之经营、取缔事项；

　　　　（十）市内公、私建筑之取缔事项；

　　　　（十一）市公安、消防及户口统计等事项；

　　　　（十二）市公共卫生及医院、菜市、屠宰场、公共娱乐场所之设置、取缔等事项；

　　　　（十三）市教育、文化、风纪事项。[①]

　　对于市的组织架构，《市组织法》规定市设市长一人，并分设财政局、

---

　　①《国民政府公布〈市组织法〉（民国十七年七月三日国民政府公布）》（1928年7月3日）。转引自屈武：《国民党政府政治制度档案史料选编》（下），合肥：安徽教育出版社，1994年，第498-499页。

土地局、社会局、工务局、公安局；于必要时，市政府可以增设卫生局、教育局、港务局。各局职能如下：

　　财政局办理市政、市公产之管理及处分等包含之一切财政事项；

　　社会局办理市农、工、商业之调查、统计、奖励、取缔，市劳动行政，市公益、慈善等所包含之一切土地、工、商、公益等事项；

　　工务局办理市街道、沟渠、堤岸、桥梁、建筑及其他土木工程，市河道、港务及船政管理，市交通、电气、电话、自来水、煤气及其他公营事业之经营、取缔，市内公、私建筑之取缔等一切工程及其他公共事业事项；

　　公安局办理市公安、消防及户口统计等一切公安事项；

　　土地局办理市土地一切事项；

　　如果市增设卫生局，则由卫生局负责办理市公共卫生及医院、菜市、屠宰场、公共娱乐场所之设置、取缔等一切卫生事项，如未增设，由公安局掌理；

　　如果市增设教育局，则由教育局负责办理市教育、文化、风纪等事项，如未增设，由社会局掌理；

　　如果市增设港务局，则由港务局负责办理市河道、港务及船政管理等事项；如未增设，由工务局掌理；

　　市政府设秘书处，掌理文牍、庶务及其他不属于各局专管事项。①

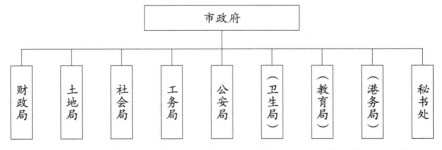

图 3-2　1928 年国民政府颁布《市组织法》所规定的市政府组织架构

---

①《国民政府公布〈市组织法〉（民国十七年七月三日国民政府公布）》（1928年7月3日）。转引自屈武：《国民党政府政治制度档案史料选编》（下），合肥：安徽教育出版社，1994年，第 499—500 页。

　　为对 1928 年所颁布的《特别市组织法》和《市组织法》进行统一，同时优化市制制度，1930 年 5 月，国民政府颁布新的《市组织法》。《市组织法》（1930 年）规定，依据人口、税收的情况，市分别隶属于行政院和省政府，即院辖市和省辖市。

　　对于市的职权，《市组织法》（1930 年）规定市于不抵触中央及上级机关法令范围以内，办理下列事项：

　　　　（一）户口调查及人事登记事项；

　　　　（二）育幼、养老、济贫、救灾等设备事项；

　　　　（三）粮食储备及调节事项；

　　　　（四）农、工、商业之改良及保护事项；

　　　　（五）劳工行政事项；

　　　　（六）造林、垦牧、渔猎之保护及取缔事项；

　　　　（七）民营、公用事业监督事项；

　　　　（八）合作社及互助事业之组织及指导事项；

　　　　（九）风俗改良事项；

　　　　（十）教育及其他文化事项；

　　　　（十一）公安事项；

　　　　（十二）消防事项；

　　　　（十三）公共卫生事项；

　　　　（十四）医院、菜市、屠宰场及公共娱乐场所之设置及取缔等事项；

　　　　（十五）财政收支及预算、决算编造事项；

　　　　（十六）公产之管理及处分事项；

　　　　（十七）公营业之经营、管理事项；

　　　　（十八）土地行政事项；

　　　　（十九）公用房屋、公园、公共体育场、公共墓地等建筑、修理事项；

　　　　（二十）市民建筑之指导、取缔事项；

（二十一）道路、桥梁、沟渠，堤岸及其他公共、土木工程事项；

（二十二）河道、港务及船政管理事项；

（二十三）上级机关委办事项；

（二十四）其他依法令所定由市办理事项。[①]

对于市的组织架构，《市组织法》（1930 年）规定市设市长一人，并分设社会局、公安局、财政局、工务局；于必要时，经上级机关之核准，市政府可以增设教育局、卫生局、土地局、公用局、港务局。各局职能如下：

社会局办理户口调查及人事登记，育幼、养老、济贫、救灾等设备，粮食储备及调节，农、工、商业之改良及保护，劳工行政，造林、垦牧、渔猎之保护及取缔，民营、公用事业监督，合作社及互助事业之组织及指导，风俗改良，教育及其他文化等事项；

公安局办理公安、消防、公共卫生，医院、菜市、屠宰场及公共娱乐场所之设置及取缔等事项；

财政局办理财政收支及预算、决算编造，公产之管理及处分，公营业之经营、管理，土地行政事项等事项；

工务局办理公用房屋、公园、公共体育场、公共墓地等建筑、修理，市民建筑之指导、取缔，道路、桥梁、沟渠、堤岸及其他公共土木工程，河道、港务及船政管理等事项；

如果市增设教育局，则由教育局负责办理教育及其他文化事项。如未增设，由社会局掌理；

如果市增设卫生局，则由卫生局负责办理公共卫生，医院、菜市、屠宰场及公共娱乐场所之设置及取缔等事项。如未增设，由公安局掌理；

如果市增设土地局，则由土地局负责办理土地行政事项。如未增设，由公务局掌理；

---

①《国民政府公布〈市组织法〉（民国十九年五月二十日国民政府公布，同日施行）》（1930 年 5 月 20 日）。转引自屈武：《国民党政府政治制度档案史料选编》（下），合肥：安徽教育出版社，1994 年，第 508-509 页。

如果市增设公用局，则由公用局负责办理公营业之经营、管理事项。如未增设，由财政局掌理；

如果市增设港务局，则由港务局负责办理河道、港务及船政管理事项。如未增设，由工务局掌理；

另外，市政府设秘书处，掌理文牍，庶务及其他不属于各局或各科掌理事项。

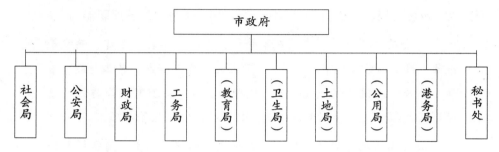

图 3-3　1930 年国民政府颁布《市组织法》所规定的市政府组织架构

由于 1930 年颁布的《市组织法》同时规定了院辖市和省辖市的机构框架，故而，该文件也增加了一些新的条款。如关于警政，规定"首都及省政府所在地之市，均不设公安局，关于公安局掌理事项，分别由首都警察厅或省会警察机关掌理之"；同时，由于城市规模不同，文件也规定，"隶属于省政府之市，应设各局如有缩小范围之必要时，除公安局外，得改为科"。①

从 1928 年《特别市组织法》和《市组织法》到 1930 年《市组织法》，国民政府对城市管辖的职能逐渐明晰并对其进行了扩充。1928 年《特别市组织法》和《市组织法》仅规定了 13 项职能，而 1930 年颁布的《市组织法》则包含 24 项。1928 年《特别市组织法》规定市长之下，除设一秘书处之外，分设财政局、土地局、社会局、工务局、公安局、卫生局、教育局，在特别情况下也可增设港务局和公用局，即采用的是"1 处 +7 必备局 +2 选配局"的格局；1928 年《市组织法》规定市长之下，除设一秘书处之外，分设财政局、土地局、社会局、工务局、公安局，于必要时，市政府可以增设卫生局、教

①《国民政府公布〈市组织法〉（民国十九年五月二十日国民政府公布，同日施行）》（1930 年 5 月 20 日）。转引自屈武：《国民党政府政治制度档案史料选编》（下），合肥：安徽教育出版社，1994 年，第 509-510 页。

育局、港务局，采用的是"1 处 +5 必备局 +3 选配局"的格局。对于这时的特别市，卫生局属于必备部门，对于普通市而言却成了可以选择设置的部门，且公用局不在普通市设置的范围之内。1930 年颁布的《市组织法》规定市长之下，除设一秘书处之外，分设社会局、公安局、财政局、工务局；于必要时，经上级机关之核准，市政府可以增设教育局、卫生局、土地局、公用局、港务局，采用的是"1 处 +4 必备局 +5 选配局"的格局，即无论是院辖市还是省辖市，社会局、公安局、财政局、工务局为必备部门，教育局、卫生局、土地局、公用局、港务局可根据情况进行增设。而且，由于各市的情况不同（尤其是财政情况不同），"首都及省政府所在地之市，均不设公安局，关于公安局掌理事项，分别由首都警察厅或省会警察机关掌理之"，而省辖市"应设各局如有缩小范围之必要时，除公安局外，得改为科"。这在一定程度上显示了1930 年颁布的《市组织法》对警政的重视。所谓"首都及省政府所在地之市，均不设公安局，关于公安局掌理事项，分别由首都警察厅或省会警察机关掌理之"，即将首都及省政府所在地之市的警政收归首都警察厅或省会警察机关，且明确规定省辖市的各局其他各局均可缩小为科，但唯独公安局不可以。

从 1928 年《特别市组织法》和《市组织法》到 1930 年《市组织法》所规定的市的机构和职能的变化，可参见下表：

表 3–1 《特别市组织法》（1928 年）、《市组织法》（1928 年）和《市组织法》（1930 年）所规定市行政架构与职能内容比较表

| 年 份 | 1928 年 | | 1930 年 |
|---|---|---|---|
| 名 称 | 《特别市组织法》 | 《市组织法》 | 《市组织法》 |
| 财政局 | 应设。负责办理市财政、市公产之管理及处分等所包含之一切财政事项。 | 应设。负责办理市政、市公产之管理及处分等包含一切财政之事项。 | 应设。负责办理财政收支及预算、决算编造，公产之管理及处分，公营业之经营、管理，土地行政等事项。 |
| 土地局 | 应设。负责办理市土地事项。 | 应设。负责办理市一切土地事项。 | 可设。负责办理土地行政事项。如未增设，由公务局掌理。 |

| | | | |
|---|---|---|---|
| 社会局 | 应设。负责办理市农、工、商业之调查、统计、奖励、取缔，市劳动行政，市公益、慈善等包含之一切农、工、商、公益等事项。 | 应设。负责办理市农、工、商业之调查、统计、奖励、取缔，市劳动行政，市公益、慈善等所包含之一切土地、工、商、公益等事项。 | 应设。负责办理户口调查及人事登记，育幼、养老、济贫、救灾等设备，粮食储备及调节，农、工、商业之改良及保护，劳工行政，造林、垦牧、渔猎之保护及取缔，民营、公用事业监督，合作社及互助事业之组织及指导，风俗改良，教育及其他文化等事项。 |
| 工务局 | 应设。负责办理市街道、沟渠、堤岸、桥梁、建筑及其他土木工程，市内公私建筑之取缔等一切工程及其他公共事业事项。 | 应设。负责办理市街道、沟渠、堤岸、桥梁、建筑及其他土木工程，市河道、港务及船政管理，市交通、电气、电话、自来水、煤气及其他公营事业之经营、取缔，市内公、私建筑之取缔等一切工程及其他公共事业事项。 | 应设。办理公用房屋、公园、公共体育场、公共墓地等建筑、修理，市民建筑之指导、取缔，道路、桥梁、沟渠，堤岸及其他公共、土木工程，河道、港务及船政管理等事项。 |
| 公安局 | 应设。负责办理市公安、消防及户口统计等事项。 | 应设。负责办理市公安、消防及户口统计等一切公安事项。 | 应设。负责办理公安、消防、公共卫生，医院、菜市、屠宰场及公共娱乐场所之设置及取缔等事项。 |

（续表）

| | | | |
|---|---|---|---|
| 卫生局 | 应设。负责办理市公共卫生及医院、菜市、屠宰场、公共娱乐场所之设置、取缔等事项。 | 可设。负责办理市公共卫生及医院、菜市、屠宰场、公共娱乐场所之设置、取缔等一切卫生事项。如未增设，由公安局掌理。 | 可设。负责办理公共卫生，医院、菜市、屠宰场及公共娱乐场所之设置及取缔等事项。如未增设，由公安局掌理。 |
| 教育局 | 应设。负责办理市教育、文化、风纪事项。 | 可设。负责办理市教育、文化、风纪等事项。如未增设，由社会局掌理。 | 可设。负责办理教育及其他文化事项。如未增设，由社会局掌理。 |
| 港务局 | 可设。负责办理市河道、港务及船政管理事项。如未增设，由工务局掌理。 | 可设。负责办理市河道、港务及船政管理等事项。如未增设，由工务局掌理。 | 可设。负责办理河道、港务及船政管理事项。如未增设，由工务局掌理。 |
| 公用局 | 可设。负责办理市交通、电气、电话、自来水、煤气及其他公用事业之经营、取缔事项。如未增设，由工务局掌理。 | 无。 | 可设。负责办理公营业之经营、管理事项。如未增设，由财政局掌理。 |
| 秘书处 | 应设。掌理文牍、庶务及其他不属于各局专管事项。 | 应设。掌理文牍、庶务及其他不属于各局专管事项。 | 应设。掌理文牍、庶务及其他不属于各局或各科掌理事项。 |

资料来源：《中央政治会议第 145 次会议通过〈特别市组织法〉（民国十七年六月二十日中央政治会议第 145 次会议通过）》（1928 年 6 月 20 日）。转引自屈武：《国民党政府政治制度档案史料选编》（下），合肥：安徽教育出版社，1994 年，第 304–305 页。《国民政府公布〈市组织法〉（民国十七年七月三日国民政府公布）》（1928 年 7 月 3 日）。转引自屈武：《国民党政府政治制度档案史料选编》（下），合肥：安徽教育出版社，1994 年，第 499–500 页。《国民政府公布〈市组织法〉（民国十九年五月二十日国民政府公布，同日施行）》（1930 年 5 月 20 日）。转引自屈武：《国民党政府政治制度档案史料选编》（下），合肥：安徽教育出版社，1994 年，第 509–510 页。

对于具体城市行政架构的变化，这里可以成都为例。

1928 年成都市政公所改组为成都市政府，依据《成都市暂行条例》，设市长一人，市府分设秘书处与财政、土地、社会、工务、公安、教育六局，即"1 处 6 局"的行政组织。川政统一后，四川省对成都市政府颇有失控之感。于是，1937 年 1 月 12 日，四川省政府第 126 次会议决定撤销成都市政府，另成立成都市政委员会，对成都市政府的发展造成重创。这一做法既不利于城市治理，又不符合市制规范，加之全民族抗战的爆发，各项事务增加，四川省政府重新恢复成都市政府的行政建制。1938 年 11 月，成都市政府颁布《成都市政府组织规则》，建立起"1 处 7 科 1 室"的组织结构。[1]"1 处"即秘书处，"7 科"为社会科、财政科、工务科、土地科、教育科、卫生科、公用科，"1 室"为会计室。1942 年，成都市政府所属各科室又进行了一次调整，所属机构系统进一步扩大，通过增加政府职能以适应战争形势。此次调整形成了"1 处 9 科 4 室 1 部"的行政组织系统。[2]"1 处"仍为秘书处，"9 科"分别为社会科、民政科、财政科、教育科、工务科、军事科、地政科、粮政科、公用科，"4 室"为会计室、统计室、合作室、军法室，"1 部"为市政府特务队部。此次调整之后，成都市政府的组织结构基本定型，并延续到成都解放。

这一时期成都市政府的组织结构，从 1928 年成立市政府之时的"1 处 6

①《成都市政府组织规则》，《成都市政府周报》第 1 卷第 7–8 期，1939 年 2 月 29 日。转引自何一民《成都通史（卷七）》，成都：四川人民出版社，2011 年，第 135–136 页。
② 参见成都市政府统计室：《成都市市政统计（1942）》，1943 年。

局"的行政组织，到 1938 年"1 处 7 科 1 室"的组织结构，再发展到 1942 年的"1 处 9 科 4 室 1 部"的行政组织系统，土地科更名为地政科，新设民政科、军事科、粮政科，卫生科并入民政科，政府组织与结构逐渐完善，政府职能增加。具体到单一科室，以秘书科和民政科为例，秘书处负责的编制统计及报告的事务划拨给了统计室，管理款项出纳的职能划拨给会计室，其余职能不变；社会科所负责的户口调查、户籍行政等职能划拨给民政科，调控粮食的职能划拨给粮政科，组织兵役的职能则划拨给了军事科。社会科在保留其余职能的同时，为配合抗战的大背景，又新增了负责"关于党政人员伤亡暨人民空袭损害及守土伤亡等之抚恤事项"与"关于物价之平抑事项"的职能。新成立的市政府特务队部也要负责空袭后的消防、拆卸与救护工作。①

如是，成都市政府通过对组织结构进行调整，职责分工得到了优化，并根据国内的政治经济形式和城市自身的发展，明确了各个部门的职责。

小 结

现代市政机关的权力范围，即权力场域的形成是其权威形成的前提。这一场域是多维度的，既有空间上的，也有层次上的和内容上的。空间上实则为城市权力的实体范围，即其行政辖区。即从旧有的城乡合一到城乡分治的过程中解脱出来，成为一个具有独立行政法人资格的自治机关。而这一权力场域的形成，则来自市县划界工作的进行。层次上，即权力的深度，是否向下延伸，延伸到何种程度。内容上，即权力的广度，在旧有的州县府衙以"刑名"和"钱谷"为其主业的基础上如何扩大其权力范围，及其与士绅精英及公共领域的抗衡。

---

① 参见成都市政府统计室：《成都市市政统计（1942）》，1943 年。

　　谭天星、陈关龙在比较中西城市发展时，曾提出"附庸城市"与"自治城市"的概念，即"实际上是一个城市独立行使权力的有无问题"。他们认为，"近代及古代的中国城市基本上是附庸城市，即城市的最高权力从属于中央，这种城市的突出特点是政治性浓烈"，而"西欧城市经历的类型则非常之多，如古典的雅典与罗马城邦时代，中世纪的城市国家与自治城市，近代的民族国家城市"。①近代中国推行市制的过程，也正是城市逐步由国家的附庸转为具有自治意义、独立法人意识的独立个体的过程，地方行政权得以与军政、司法分立，实现了市政治体制的近代化并直接推动了城市的近代化。②随着市制的推行，市的职权已远远超越了传统时代附郭县以"刑名"和"钱谷"为核心的"三班六房"的政务体系，管辖范围扩大到了基于科层制的财政、土地、社会、工务、公安、卫生、教育、港务、公用等社会生活的方方面面，市的权力空间得以大幅扩张。

　　20 世纪二三十年代市政府的机构设置展示了一个科层化组织样式，其内部存在着上下等级制度。科层化的层级结构建立起庞大的组织网络，将地方资源整合起来，有利于减少资源的浪费，促进效率的提高。市政府的建立，推动了地方政府从魅力型领导模式向法理型领导模式的转型，具备了现代国家政权组织的性质和样态。只不过，无论是 1928 年国民政府颁布的《特别市组织法》和《市组织法》，抑或 1930 年国民政府重新制定的《市组织法》，包括 1937 年国民政府颁布施行的《中华民国修正市自治法》，这些法规制度对于界定城市权力空间，保障城市、市民自治的权利不能说没有效用，但也正如时人所评论的，"城市始终受制于国民党的'党治'，成为专制政治的附庸"③。

---

　　① 参见谭天星、陈关龙：《未能归一的路——中西城市发展的比较》，南昌：江西人民出版社，1991 年，第 257 页。
　　② 参见孙冬虎、王均：《民国北京（北平）城市形态与功能演变》，广州：华南理工大学出版社，2015 年，第 20 页。
　　③ 高路：《"城市中国"的探讨——民国前期（1912—1937 年）社会精英对城市现代化道路的求索》，北京：中国社会科学出版社，2016 年，第 66 页。

# 第 ◇四◇ 章

## "切块设市"——近现代中国
## 城市行政地域界定的基本模式

- · · · · · · · · · ·

　　由"城乡合一"的自在城市到"城乡分治"的自为城市的转型，是近现代中国城市发展的重要环节。近代意义上的城市行政建制，创始于欧洲。故而，对于近代的中国而言，市与市政理念都是一种"舶来品"。清代以前的中国，城市不是单立的地方行政建制，大城市设府，县附郭。如果是两个及以上的附郭县，则城由附郭县分管，且通常附郭县的县治皆在城内。此时的城与周边的乡统一由附郭县来进行管理，"亚细亚的历史是城市和乡村的一种无差别的统一"①，其市民与乡民在身份上没有明显差异，即"城乡合一"的管理制度。

　　作为一级政区，市必然需要其行政空间。行政区划是政府进行政权建设和管理的手段，是国家组织的空间表现形式。传统中国，城与乡是"城乡连续体"，在基层治理上均由县进行管辖。传统中国的城市，其空间有多重的维度，其中一种维度便是由城内、关城及附城地区组成的城市空间，这种空间也是对于传统中国城市认可度最高的一种城市空间。近代中国，随着市制的推行，市的行政地域逐渐被界定，经由地理空间（城墙内、环城城壕内）向法理空间（警察区、市行政区）的转变。而无论是地理空间，抑或是法理空间，近代中国城市的行政区域均是从既有（附郭）县中"切块"得来的。即从地域型政区中切块得到城市型政区，这在一定意义上使得城市型政区丧失了城市拓展的空间，也使得城市与其郊区腹地在一定意义上产生隔阂。近代

---

　　① 马克思：《政治经济学批判（1857—1858 年手稿）》，载中共中央马克思恩格斯列宁斯大林著作编译局：《马克思恩格斯全集》（第三十卷），北京：人民出版社，1995 年，第 473 页。

中国基于"切块设市"的城市行政地域界定的基本模式，带来了诸多遗留问题，包括行政地域对城市实体地域的限制、连续的地理空间单元被人为割裂，市县同名的问题、附郭县县治外迁问题等。

学界关于近现代中国城市地域的形成，也已经有了一定的成果，并就几个单体城市行政辖区的形成问题进行了讨论。关于近代中国城市辖区形成的宏观研究，则以胡乐伟、吴宏岐的《论中国市辖区形成的历史过程》一文为典型。该文讨论了中国市辖区形成的历史过程，认为中国市辖区的形成是长期发展演变的结果，"晚清作为市辖区形成的过渡时期，形成了捕属和警区两种城市分区而治的形式；民国初年随着自治市的相继设立，警区逐渐向现代意义上的市辖区过渡，并最终于解放后在全国范围内形成了市辖区制度"①。王培利、石晓霞的《近代中国城乡划分与市辖区的形成（1909—1936年）》一文也对近代中国市辖区的形成问题进行了探讨，认为近代中国两次城乡划分以及市政府的成立标志着市制的确立，明确的界线是市辖区制度进一步完善的标志，市制的确立及完善并不是一帆风顺的，其中省市县勘界是最重要环节。②

对于民国时期的行政区划的划分，历史地理学界已经取得较多成果。徐建平所著《政治地理视角下的省界变迁——以民国时期安徽省为例》一书从政治地理的视角出发，考察了民国时期安徽省省界的变迁过程，进而探讨中央政府、地方政府与民众三方在省界的争端与处理问题上多重复杂的互动关系，从历史地理学的角度考察民国时期的政治与社会。③徐建平的论文《民国时期南京特别市行政区域划界研究》则是以南京特别市为个案，考察了南京特别市行政区域边界的划定过程，展示了城市型政区边界划定过程中的各种冲突和中国近代市制完善过程中的一个基本面向。④

① 胡乐伟、吴宏岐：《论中国市辖区形成的历史过程》，《陕西师范大学学报》（哲学社会科学版）2013 年第 5 期，第 50-56 页。
② 参见王培利、石晓霞：《近代中国城乡划分与市辖区的形成（1909—1936 年）》，《历史教学》（下半月刊）2019 年第 6 期，第 57-61 页。
③ 参见徐建平：《政治地理视角下的省界变迁——以民国时期安徽省为例》，上海：上海人民出版社，2009 年。
④ 参见徐建平：《民国时期南京特别市行政区域划界研究》，《中国历史地理论丛》2013 年第 28 卷第 2 期，第 56-70 页。

本章虽也关注近现代中国城市辖区的形成问题,但主要讨论"切块设市"对于近现代中国城市行政空间界定的问题,并从传统中国城市空间的界定、"切块设市"与近现代城市行政空间的形成以及"切块设市"所遗留的问题等角度进行研究。

## 第一节 "城乡连续体"
## 与传统中国城市空间的界定

传统中国的城市与乡村整体上是城内、关厢、附城地区和乡村的连续一体。传统中国的城市与乡村互相联系,互相融合,这与中世纪西欧那样通过城墙将城市与乡村隔绝的城乡关系截然不同,即马克思所言"亚细亚的历史是城市和乡村的一种无差别的统一"[①]。故而,从简单意义上在"城乡连续体"之中界定城市的空间,是具有一定的难度的,而且,传统中国城市的空间这一概念本身也是多维的。

对于传统城市的空间,较为容易界定的是行政空间。传统城市多为行政级别较高的城市。以清朝中前期为例,这一时期的中国城市主要分为京师、省会、府和县四个层次,且广泛存在附郭的现象,即省府县同城或府县同城,甚至会出现两县附郭、三县附郭的现象。诸如清代苏州府城内有吴县、长洲、元和三县附郭,以及后文中会讨论的宛平县、大兴县附郭顺天府,成都县、华阳县附郭成都府的现象。一般而言,如果是单一县附郭,府城也就是县城二者同构,不会出现行政区划上明显的错位,而两县甚至多县附郭的现象则较为复杂。以清代成都府为例,成都县、华阳县两县为附郭县,两县县治与成都府治同在成都城内。成都县和华阳县分别管辖成都城的一部分。两县在城内分界线为:成都县南自少城小南街、君平街、陕西街、贡院街、状元街、西丁字街,与华阳交界;东南自青石桥街直上南暑袜街、喇嘛寺止;以街心

---

① 马克思:《政治经济学批判》,载《马克思恩格斯全集》,北京:人民出版社,1979年,第480页。

分界，西偏为成都县，东偏为华阳县。①这种行政划分方式使得传统成都城市的行政空间在城内分而治之，又在城外与广阔的乡村形成连绵。

另外一种传统中国城市的空间，则是城市的实体空间，即城市建成区。不同时期，城市的建成区也有所不同，往往城墙内的土地率先被用来建设城市，而随着城市的发展与城墙内部城市空间的饱和，城市实体地域会溢出城门，沿着由城门向外延伸的道路形成关厢、附城地区。如此，城市的实体空间往往又和城市的形式空间相联结。所谓形式空间，是指以某一组或某一类地理事物为界标，界标以内属于城市范畴，界标以外属于乡村区域。中国古代城市与乡村最明显的分野就是城墙，尽管城墙不是城市与乡村唯一的标志，但却是最初的最清晰的分界线，且这个分界线是实体的，是人为界定的。对于传统时代的中国城市，城墙是区别城内与城外的一道有形的界线，形塑着传统时代的中国城市。但是，这种人为界定出来的城市与乡村的分界线，却不一定就是城市与乡村的实际分界线，绝对意义上的"城内市、城外田"的现象是不常见的，反而"城内田、城外市"的现象却屡见不鲜。且城市的发展是动态的，单一时空场域内的城市与乡村并不能反映中国城乡发展的整体面貌。有学者曾指出："清前期，由于战争等原因，城市建成区普遍小于城垣。而清中期，随着经济的发展和人口的增加，越来越多的城市建成区开始超出城垣，而在城外形成不同规模的关厢市街。"②

当然，除了一般意义上的行政空间和实体空间（建成区），也有论者提出应将古代城市的礼制空间、机能空间、感觉空间、文化空间、宗教空间、经济空间等纳入对传统中国城市的考察③。一定意义上，礼制空间、文化空间、宗教空间，都可以视为宏观意义上的文化空间。感觉空间或习惯区域，是一种存在于社会大众意识中的约定俗成的城乡概念。在人们的心里，"城里"和"乡下"的概念是截然分明的，以至于人们不需要经过任何分析、辨别即可判明何处为城、何处为乡。这种约定俗成的认同，很多时候是无法用文字进行直观表达，却深深印刻在当地居民的意识之中的。而对于城市的经济空

---

① 参见曾鑑、林思进等：《民国华阳县志》（上），成都：成都时代出版社，2007年，第 18 页。

② 何一民：《清代城市规模的静态与动态考察》，《西南民族大学学报》（人文社会科学版）2014 年第 11 期，第 211 页。

③ 参见张力仁：《清代城市的空间范围及其人口属性》，《陕西师范大学学报》（哲学社会科学版）2014 年第 5 期，第 121-130 页。

间，即可以借助"施坚雅模式"将城市视为市场网络中的服务节点，如此便可以从经济空间的角度审视传统中国的城市。但是这种城市的经济空间，往往会被从概念上替换为城市的经济腹地，远大于城市的行政地域和实体地域，其空间范围远比直观理解上的城市空间要大。

那么，究竟该如何界定中国传统城市的城市空间呢？张力仁在《清代城市的空间范围及其人口属性》一文中提出的界定方法是可供参考的。张力仁认为，传统中国的城市空间可以界定为由城内、关城及附城地区组成的城市区域。对此，张力仁给出了四点解释：

> （1）城墙及其关城从其出现以来就是县域内的政治、经济、文化核心区域，无论从地理景观、机构设置乃至人口构成，它都与乡村聚落具有明显的差别，如以城墙、城壕为外缘标志的城池范围，以衙署、坛庙、书院、仓库、监狱为主的政治功能区域，以旅店、商铺、茶馆酒楼为主的商业活动区域等。（2）由城内、关城及附城地区组成的城市区域，业已涵盖或包含上文所述的古代城市的形式空间、礼制空间、习惯空间和功能空间，在这一区域几乎集中了传统意义上的城居人口。……（3）由城内、关厢和附城地区组成的城市区域，其界线相对清楚，便于利用文献展开相关研究。如关于城墙的长宽高、走向、周长以及关城形态乃至附城村落，地方志记载的信息都相对较为清楚。（4）由城内、关城、附城组成的城市区域，与现代地理学的城市地理概念较为一致。古代城市的城内地区，可视作现代城市地理中的"建成区"；关城地区，与现代城市地理学中的城市过渡地带相当；而附城地区虽然其景观已与乡村地区无二致，但由于其受到来自城市核心区的政治、经济、文化的强烈影响，因此，将之视为城市的边缘区域，亦无不可。[1]

如此，虽然传统城市深深融入了"城乡连续体"之中，但是，借助"由城内、关城、附城组成的城市区域"的概念界定，仍可以较为便捷地判断出传统中国城市的空间范围，且这种城市空间的范围整体上与城市的建成区，即城市的实体空间相重合。

---

[1] 张力仁：《清代城市的空间范围及其人口属性》，《陕西师范大学学报》（哲学社会科学版）2014 年第 5 期，第 128 页。

## 第二节    20 世纪上半叶
## 对城市地域的"切块设市"

"行政区域为一切行政之准则，必须区划分明，斯可从事建设。"20 世纪上半叶以前，市并非我国既有的一级政区，而市的设置，尤其是以"切块设市"的形式设置市一级的城市型政区，则必然触及既有政区的调整。

历史地理学界在研究政区时，曾将其划分为地域型政区与城市型政区两类。周振鹤将城市型政区与地域型政区的不同点概括为四点："一是地域范围小，相对于地域型政区面状的形态而言，城市型政区可以说是点状的政区；二是人口集中，虽然地域范围小，但人口密度大大超过地域型政区；三是工商业经济发达，与地域型政区以农业为主的面貌不同；四是有城市建成区，形成与地域型政区田野风光不同的城市景观。"[1]民国时期推行市制所形成的作为一级政区的"市"，作为城市型政区，即从原有的"城乡一体"的区划格局中切块得来。

上文中已指出，传统中国城市的地域空间，可以视为包括城内、关城、附城组成的城市建成区，这实际上是城市的实体空间。但是，随着 20 世纪上半叶市制的推行，城市的实体地域（即建成区）逐渐与行政地域相整合，以由城内、关城、附城所组成的城市地域逐渐让位于以捕属、警察区等为代表的行政地域，并最终被新的行政地域所取代。而近代城市行政地域的形成过程，即伴随着市制推行与"切块设市"，城市的行政辖区脱胎于地域型政区，并成为独立的城市型政区的过程。

---

① 周振鹤：《行政区划史研究的基本概念与学术用语刍议》，《复旦学报》（社会科学版）2001 年第 3 期，第 34 页。

"捕属"并非一种全国性的现象,而只在清末广东地区广泛存在。据胡乐伟、吴宏岐的研究:"从文献记载的捕属职责及所辖范围来看,捕属已经具备了行政区划的性质。捕属既是官名,又是城市的行政区划。从南海、番禺两县的捕属范围来看,基本上涵盖了广州城内及近郊繁华区域,因此南海与番禺二县捕属的辖区即广州府两附郭县县城所在。虽然此时捕属的行政功能只限于治安,比较单一,但是捕属的进一步划分,则是在原来附郭县的基础上将城市行政区划的转型推进了一步,更为重要的是捕属所辖区域只限县城及其邻近繁华地区,摆脱了附郭县兼管乡村的状况。尤其是南海县捕属,其所辖区域的划分已开始采用警区的概念。清末的南海县已形成了捕属(附郭县)—警区—街巷的准三级行政区划体系。"①此外,梁敏玲的研究也指出:"清代州县佐杂官员分辖制度的发展,反映了基层治理方式的转型,其中以广东最为典型。广州附郭南海、番禺两县佐杂辖区'捕属'既是图甲体系的上级分区,也发展成大致对应城厢内外范围的区域。"②

如果说捕属尚仅具备准行政划功能,而城市警察区的划定,则可以视为城市行政地域的前身。清末民初,各级行政区划都在剧烈的调整之中,使得这一时期有关市制和城市行政地域的探索,既混乱,又多元,而多元则意味着多种可能性。部分城市在尝试划定城市范围的时候,仍在继续以城墙或城内、关城、附城组成的城市建成区作为城市的行政地域。在正式设市之前,部分城市已出现诸如"市政公所"等市政机构,即在市正式设置、市辖区正式划定之前,市辖区存在着一个可以被称之为"筹办市政区域"的过渡形态。清政府于1909年颁布《城镇乡地方自治章程》之后,1910年,成都筹办城镇地方自治开始出现高潮,士绅开始组建成都城区自治筹备处,并进而成立成华城议事会与成华城董事会。议事会为议政机关,掌握城镇自治事务决议之权;董事会为执行机关,具体负责城镇自治事务的执行工作。③二者均为公共组织,成都城区仍在成、华两县的治理之下,两县将成都城区公共事业之兴办

---

① 胡乐伟、吴宏岐:《论中国市辖区形成的历史过程》,《陕西师范大学学报》(哲学社会科学版)2013年第5期,第53页。

② 梁敏玲:《"捕属"与晚清广州的城市社会》,《中国历史地理论丛》2020年第4期,第97页。

③《成华城议事会办事规则》,《蜀报》宣统二年(1910)第1期,专件。

权让渡予成华城议事会和董事会。但是，成华城会仅负责城内公共事务并对其进行统一管理，城市自治已现端倪。成华城会所管理的范围，即为成都环城城壕之内的地域，这一地域基本上与成都城墙所围起来的地域基本一致，如此便是成都城市行政地域的早期萌芽。

而另一种更为主流的，且影响更为深远的城市行政地域的前身，便是警察区的设置。清末，西方警政开始被引入中国。随着 1905 年京师内外巡警厅的设置，中国陆续建立起近代的警察机构。这一时期，警察的职能远较今日为多。北洋政府时期的京师警察厅，其职能即包括"一、治安职能，治安职能又包括维持社会安定、交通管理、社会风气管理、消防、协助维持商业及生活秩序；二、市政职能，市政职能又包括路政、房地管理、协助捐税、医疗管理和卫生管理；三、慈善职能，慈善职能又包括衣食救助、收容与教养以及妇女救助等功能"[1]。清末民国警政管辖的范围多样，堪称一种普遍现象。何一民在论及清末成都警政之时也曾指出："晚清警察在成都出现后，扮演的角色是多重性的，可以说超越了现代意义上的警察职能，更类似近代城市政府，可以说是传统官衙门向近代城市政府转变的一种过渡型管理机构。"[2]

在真正意义上的市政府组建之前，警察承担着多重的行政职能，故而，当 20 世纪二三十年代各主要城市相继设市，基于路径依赖便普遍性地以警察区作为市的行政辖区。仍以成都为例，1922 年 3 月 9 日，成都市政筹备处更名为成都市政公所，并制定《市政公所组织大纲》，开始以"市"称，城区除治安由警察厅负责外，其余皆由市政公所管理。1923 年 1 月 10 日，四川省宪法起草委员会拟定自治宪章，成都为省会，且人口超过 30 万，故享有特别市待遇，市政公所按规定直接接受省政府监督。按初步划分，成都市市政公所的管辖范围为成都市全部区域，暂以省会警察区范围为准。成都市政公所将管辖范围暂定为警察区，与成华城议事会时期以环城城壕为界相比，辖区增加了城厢地区。

---

① 丁芮：《北洋政府时期京师警察厅研究》，中国社会科学院研究生院博士学位论文，2011 年，第 1–2 页。

② 何一民：《从农业时代到工业时代：中国城市发展研究》，成都：巴蜀书社，2009 年，第 450 页。

到 1928 年依据南京国民政府法令成都正式设市之时，成都市管辖范围仍以省会警察局管辖范围为准（仍是"切块设市"而形成的城市型政区），但由于各城门道路、街市相继扩展，市区界线并不明晰。但是，随着成都城市的发展，城市的实体地域已经溢出城市的行政地域（即省会警察区的范围），成都市便开始寻求扩大市界。1935 年，时任成都市市长钟体乾再次向四川省政府提出，"本市区域未经划定，暂以旧省会警察区域为市行政范围，致诸多事务不易推行"[①]，希望早日划定城市界线，以便办理新兴事业。

相对于近现代中国市政发展中作为外来动力的租界的作用，警政在市政发展中也扮演着重要角色。1903 年 5 月，川督岑春煊在成都设立警察总局，试办警察。成都警政先于市政而出现，既是近代市政的萌芽，也为近代市政的发展划定了空间基础。20 世纪上半叶成都市的前几次划界皆是以省会警察局的警区作为城市的施政范围。但警察局的警区也仅为环城城壕以内，以及各门向外延伸的城厢区域，这一时期成都城市的实体地域并未突破警区范围，市县之间划界纠纷尚不迫切。自清末至成都正式设市之前，成都市政管辖地域大致经历了一个从地理地域（环城城壕）向法理地域（警区）的转变过程。环城城壕是一个防御设施，但非战争时期则更多是作为一种地理景观而存在，在市制萌芽的初期，尚未形成完善的市县划界标准的时代，将"山川形便"，即实体的、直观的地理景观作为划界标准便成为选择之一。

与成都类似，1928 年北平特别市成立后，其辖区以原京都市政公所及警察总监旧辖城郊区域为限，采用的也是以"切块"所形成的警察区为城市行政辖区的路径。[②]只不过，无论是北平，还是成都，抑或其他很多城市，都普遍选择借助警察区快速界定城市行政地域。

无论是城墙、环城城壕，还是警察区，20 世纪上半叶城市行政地域的界定，普遍采取的是"切块设市"的形式。但随着城市的发展，城市实体地域

①《成都市政府送国民政府军事委员会政治训练处关于委派各区区长等事的公函》，《市府有关市区规划和财税概况等各类文件》，成都市档案馆藏，档案编号：0038-01-0807。

② 参见王亚男：《1900—1949 年北京的城市规划与建设研究》，南京：东南大学出版社，2008 年。

的扩大，调整城市行政地域的问题便不断地被提了出来。即如胡乐伟、吴宏岐所指出的："中国市辖区的正式形成是在民国时期城市警察区的基础上，经过不断调整而形成的，这个过程至今仍然在进行当中，各个城市型政区因各自的特点不同其市辖区的变动也有所不同。总之，城市警区向市辖区的转变使得城市型政区得到了进一步发展和完善。"[①]

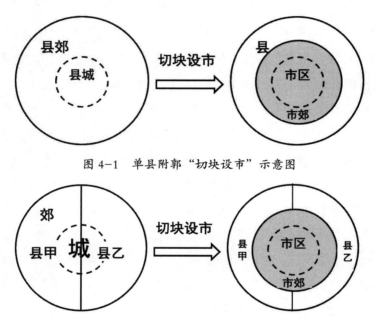

图 4-1　单县附郭"切块设市"示意图

图 4-2　两县附郭"切块设市"示意图

---

① 胡乐伟、吴宏岐：《论中国市辖区形成的历史过程》，《陕西师范大学学报》（哲学社会科学版）2013 年第 5 期，第 55 页。

## 第三节 "切块设市"的"后遗症"

上文已指出，城市实体地域的发展是动态的，而城市行政地域因"切块设市"而划定，则成为一种静态的界线。这种以"切块设市"来划定城市行政地域的形式，却带来了诸多的"后遗症"，并主要表现为对城市实体地域扩展的约束，连续的地理、空间、经济单位（联系）被打破，市县同名的问题，原附郭县县治外迁问题，等等。

### 一、对城市实体地域扩展的约束

传统城市地域的拓展存在两道"紧箍"，一道是实体的，一道是虚体的。实体的是指传统城市的城墙。正如赵世瑜所说，"城墙的从无到有标志着文明的开始"，然而"城墙的从有到无则标志着文明进入了新的阶段"。[1]在城墙没有拆除前，城墙内发展饱和后，城市建成区往往借助自城门向外延伸的道路进行拓展，而近现代中国对城市城墙的拆除打破了城市发展空间的实体束缚，为城市建成区的自由扩张创造了条件。1940 年，时任成都市市长杨全宇即指出，"现有城墙，不但早已失去防护之功用，反为交通的障碍，在现代文化提高，科学发达的时候，还要说靠城墙来保护治安，足见政府之无能。我们如果把城墙完全拆除了，卖去城砖可抵拆除费，改修环城马路，两旁地价增益的税收，作修而且有余。我们看欧美各国，哪里还有城墙的存在"。杨全宇进一步指出："工业区、文化区及住宅区均在城区以外，成渝、川陕两铁路车站及新村，均分布城外，城垣内外交通更需沟通，始易繁盛则城垣之

---

① 赵世瑜:《腐朽与神奇——清代城市生活长卷》,长沙:湖南人民出版社,2006 年,第 218 页。

应予拆除，更为必然之趋势。"①然而，破除城市地域拓展的有形"紧箍"易，但是，城市地域无形的"紧箍"，即城市行政边界对城市实体地域的拓展的限制，则较难破除。

无论是特别市（院辖市），还是普通市（省辖市），皆以"切块设市"的形式取县之精华作为城市辖区，本就掌握了一定区域内的政治和经济资源，使得市的发展速度远远快于周边各县，城市实体地域的扩张速度也远远快于周边各县建成区的扩展速度。何一民教授曾指出，农业时代中国城市的一个重要发展规律为政治中心城市优先发展规律，工业经济时代经济中心优先发展，即"农业时代中国城市的一个重要发展规律为政治中心城市优先发展规律，之所以会形成此一发展规律，主要与中国城市的形成、发展的动力机制有着十分密切的关系，以国家政治为内核的聚集效应起着关键的作用，同时也是为农业社会经济形态所决定。近代以来进入工业时代，政治中心城市优先发展规律虽然也起着相当大的作用，但经济中心城市优先增长规律正成为中国城市发展一个主要的规律，这一规律的形成主要原因在于工业革命以来，以现代工业、商业、金融为主体的城市经济在整个社会经济中所占比重日渐上升，城市经济在国民经济中占据主导地位，城市成为国家经济和地区的经济中心，产生了巨大的聚集效应。但经济中心的形成不是人为的，而是需要具备相当的条件"②。

城市是繁华区，有能力带动周边发展，而周边县在城市的带动下也在不断地进行城市化。如此，在"切块设市"的过程中，如若仅以城墙或环城城壕为界，则随着城市的发展，城市的实体地域很快便会溢出城市的行政地域，且与城市的既有建成区连绵在一起，使得城市的管辖范围无法有效覆盖当地的城市化区域，与最初通过"切块设市"推行城市型政区的初衷相违背。进一步而言，由于市县界线的划定，城市丧失了后备发展空间，市政当局自然不愿将与城市相关的市政建设置于其管辖范围之外，这种无形"紧箍"比城墙

---

① 杨全宇：《成都市政之发展计划与现在工作概况》，《成都市政府周报》第 3 卷，1940 年 5 月 18 日。

② 何一民：《从政治中心优先发展到经济中心优先发展——农业时代到工业时代中国城市发展动力机制的转变》，《西南民族大学学报》（人文社科版）2004 年第 1 期，第 79 页。

之类的有形"紧箍"更加束缚城市的发展。

## 二、连续的地理、空间、交通、经济单位（联系）被打破

以"切块设市"的形式来界定城市行政辖区所带来的另一个遗留问题，便是原有地域型政区中连续的地理、空间、经济单位（联系）被打破。

在地域型政区的情况下，城市拥有广阔的发展腹地，可以在整个政区内布置与城市相关的市政、交通、工业等。然而，近代中国推行市制，依靠"切块设市"将市的行政辖区界定为城市型政区，如此便打破了传统时代城市所在地域型政区的连续的地理、空间、经济单位（联系）。而且，随着城市的发展、城市人口的增加和城市实体地域的扩大，一些与城市息息相关的公共设施，因城市行政地域的饱和，而不得不建在城外，即县的管辖范围之内，如此则增加了城市治理的难度。

比较典型的便是近代铁路事业的发展和火车站的修建。作为大型公共建筑，火车站需要大面积的建设空间，而传统时代中国城市城墙内的空间均已相对饱和，没有足够的空间，故而，近代中国火车站多修建在城墙之外，且选址在市辖区之外的县域内成为常态。诸如民国时期，成都火车站即建在成都城外，而西安火车站也修建在西安城外。而对于城市而言，火车站是其重要的交通枢纽，城市又迫切需要对火车站进行管理，如此便带来了麻烦，即"切块设市"使得市无法对火车站进行有效管理。1935 年成都市政当局曾以城市发展为由向四川省政府请求扩大市界，省民政厅召集成都市政府、成都和华阳两县政府代表商讨划界方案，并提出了一个比原有市界大的方案。但省民政厅的新方案并没有得到成都市政当局的认可，原因之一即在于新方案未能将成都新村及酝酿中的成渝铁路车站等区域包含在内。①

1928 年 9 月 10 日，北平市政府市长何其巩将其最终拟定的《北平特别市政府拟划市区域说明书》及所划入主要市镇的说明一并呈给国民政府，希望能够扩大城市地域。对于北平市政当局所希望划入的地域，呈文中详细列

---

① 《关于取消市县新勘界以全县统一的提案》，《省市府关于成都市区勘地、划界的训令，呈文公函、代电、会议记录》，成都市档案馆藏，档案编号：0038-01-0184。

举了原因，如：孙河镇为北平自来水水源，全市饮水悉取给于此；丰台镇为北平交通要冲，且与北平市的社会治安密切相关；卢沟桥镇系北平交通要冲，且划入后便于共同治理永定河；门头沟为北平的交通要冲，且是北平煤炭的主要来源地，等等。①对于丰台，"京绥、京奉、京汉三线辐集于丰台，为京南巨站"，故而，北平市政当局始终希望能将丰台纳入市的管辖，即"丰台为各铁路之集中点，预定为本市之交通区。设置铁路之大调车场，所有客货运输之配备，公路、铁路及运河道之联络，均应由市综合计划，方能收统一经营之效"。②而在孙河镇，则建有供应北京用水的水厂，是北京主要的水源地。清光绪三十四年（1908）三月，农工商部等奏请"筹办京师自来水公司，拟招华股洋银三百万元，并请饬直隶总督每年筹拨官款十五万，预存银行，为保息之用"③。光绪帝批准了农工商部的奏请，以孙河水为源，在孙河镇和东直门建水厂，并于宣统元年（1909）建成。那么，对于北平市重要的水源地孙河镇和重要的交通枢纽丰台，北平市"切块设市"之时所划定的辖区并不具备管辖权，如此，将孙河和丰台纳入北平市界便成为北平市政当局数次拓界计划的重要内容之一。当然，北平市将卢沟桥、门头沟、清河、沙河、黄村、马驹桥等地纳入辖区，情况也类似。

传统中国政区的划定，有"山川形便"和"犬牙交错"两种原则：

> "山川形便"和"犬牙交错"作为两个相互矛盾的行政区划指导原则，在历代中国的行政区划设置过程中几乎同时得到了应用。这种局面的出现，主要是与上述两个原则自身所存在的一些优缺点所联系的，一方面，以"山川形便"原则为指导划分的政区，因与自然地理形势相符合，有利于经济文化发展，但往往会形成形胜之区、四塞之国，容易形成割据势力，不利于中央集权。另一方面，以"犬牙交错"原则为指导划分的政区，虽然在军事不发达的古代社会能

---

① 《呈为拟定本市行政区域绘图说仰祈鉴核事》（1928 年 9 月 10 日），《北平特别市政府关于北平市行政区域划界与国民政府、内政部等单位的呈文，指令等》，北京市档案馆藏，档案编号：J001-007-00006。

② 孙冬虎：《北京近千年生态环境变迁研究》，北京：北京燕山出版社，2007 年，第 439 页。

③ 《清德宗实录》卷五百八十八。

够有效地避免分裂割据，但同时也造成了经济区域的分割。特别是在当时的交通通讯（信）条件下，很不利于经济交流。"①

一定意义上，"切块设市"的政区划定形式，和"犬牙交错"有一定的共性，其目标虽不像"犬牙交错"那样"人为地把同一自然地理单元分割给若干个行政区，基本用意在于有效地控制地方，打破过去以山川河流为分界的自然经济地理区划，不使某一政区完全掌握完整的形胜之地，以至于据险而成割据"，但同样导致了连续的地理、空间、交通、经济单位（联系）被打破，使得城市的发展和城市市政的推行颇受窒碍。而无论是北平市还是成都市，都在"切块设市"后数次提议从周边各县划入新的土地以扩大市域，原因之一就是希望使城市辖区从城市型政区重回地域型政区，以获得城市发展腹地，增强市县联系，推动城市发展。

### 三、市县同名的困扰

近代中国推行市制的过程中，借助"切块设市"短期内实现了市制的创立与市辖区的划定。但是，在"切块设市"的过程中，却出现了另一种困扰，即市县同名问题，而这种情况在传统的府县同城（即出现府县同名的城市）的较大的城市中较为常见。

以开封市县同名问题为例。1913年，祥符县被改名为开封县。1929年，成立开封市，开封市、开封县同城不相属。如此，开封市与开封县同名的问题即已出现。直到2014年9月，国务院批复开封市调整部分行政区划，撤销开封县，设立开封市祥符区，近代中国推行市制中"切块设市"所形成的开封市县同名问题才得以解决。同样，清代成都府与成都县、华阳县同驻成都城，至20世纪二三十年代成都设市与成都市、成都县、华阳县划界纠纷出现，成都市与成都县同名的问题也被时人所关注。对于成都市、成都县、华阳县三市县的划界纠纷，以及近代成都市行政地域的划定，将在本书第六章单独论述，此处仅讨论市县同名问题。

上文已指出，市县同名问题系近代中国推行市制过程中"切块设市"的

---

① 赵聚军：《中国行政区划改革研究——政府发展模式转型与研究范式转换》，天津：天津人民出版社，2012年，第61页。

遗留问题之一，同样也是近代中国行政区划演变的结果，且夹杂了民众的地域认同。如此，则应从 20 世纪初北洋政府调整行政等级、"废府存县"的政策开始讨论。清朝地方行政基本是"省—府—县"三级，省府之间还存在一个虚级的道。辛亥革命后，北洋政府决定简化行政等级，于 1913 年颁布《划一现行各省地方行政官厅组织令》《划一现行各道地方行政官厅组织令》《划一现行各县行政官厅组织令》，基本确立了省、道、县三级行政区制度。[①]如此则将清代以监察职能为主的道转化为实体的行政机构，成为介于省、县之间的二级政区。清代既有的府被裁撤，部分府名直接被抛弃，或者将附郭县名改为府名。如绍兴府裁撤之时，会稽县和山阴县合并为绍兴县。一则是北洋政府的"废府存县"，二则是"切块设市"的进行，导致了大量市县同名问题的产生，而后者则更为直接。在"切块设市"的过程中，部分新划定的市采用了其所驻地的县的名，诸如上海市之于上海县，南昌市之于南昌县。

随着近代中国地方自治的发展，民众的地域认同也日渐增强。在 20 世纪上半叶的城市发展中，市县竞争加剧（市县并不互相统辖，且大量市与县平级），加之"切块设市"后城市地域的扩张所导致的对县辖地域的扩张，市县同名的问题便不断被人们所提及。

20 世纪二三十年代成都设市后，成都市和成都县同名的问题便不断被提出。然而，由于成都市、成都县、华阳县三方的划界纠纷迁延十余年，成都市县同名的问题也并未能够得到具体解决。20 世纪 40 年代初，随着成都市与成都县、华阳县的划界工作取得重大突破，市县同名的问题便被提了出来。1944 年 8 月 15 日，四川省政府转发内政部指令，训令成都县府，认为"成都市、县同名，应择一更改，以示区别。为贵阳设市，贵阳县更名贵筑县；桂林设市，桂林县更名贵临县。贵省成都市与成都县似有更改必要"[②]。

对于这一训令，成都县县长王运明转发县临时参议会讨论。1944 年底，成都县临时参议会第五次大会上，参议员雷家勋提出六条理由，如下：

① 参见傅林祥、郑宝恒：《中国行政区划通史》（中华民国卷），上海：复旦大学出版社，2007，第 44—46 页。

②《四川省第一行政督察专员公署送成都县政府关于成都市县同名应择一更改一案的训令》，《四川省第一区行政督察专员公署》，成都市档案馆馆藏，档案编号：0134-02-0082。

一、查成都之名，系战国以前所命，明清两代府县同为一名，从无留府名改县名之议。民国废府留县又已三十余年，亦未议改。此以沿革论，似不必更易成都县名之理由一也。

二、查成都市区系由成华二县城乡两区划割而来，并无统辖旧府属各县之权能，自何能享有原成都府之名称。合华阳县之名不改，成立不久之市名不改，必欲更易沿用成习之成都县名，强以本县县名与市名抵触，为至大理由，使本县全县县民同感不便，揆诸情理，宁得谓平。此以地域及情理论，似不必更易成都县名之理由二也。

三、查成都市正式设置，未有多年，成都县自明迄今，已数百载。值兹市县划界、确定市辖地区，亟应重新调整之际，市名应予厘定，自属理由允当。关于户籍及旧契等项之改易验换，市县相较，市自较县易办百倍。此以市县历史及人事论，似不必改易成都县名之理由三也。

四、查自贡市系由自流井、贡井得名，自贡设市，而自流井、贡井并未闻易名。今成都市既由划割成华两县地域而成，市似宜援自贡市先例，改为成华市，使全国及后世咸知此一段由县成市之历史，至成都华阳两县名，则予以并存，用张公道。此以先例论，似不必更易成都县名之理由四也。

五、查市之地位，诚较县为高，市之财富，诚较县为饶。但南京市江宁县名如故也，南京原为江宁府，江宁县地区改市之时，废府名存县名，从未闻以市之地位较县为高而废江宁县之名也。此又以先例论，似不必更易成都县名之理由五也。

六、再查更易县名，事体殊大，若令本会筹拟新名，呈备图用，则本会职权有限，在未征得大多数县民同意前，实未不便率尔擅拟也。[1]

一定程度上，雷家勋的提案展现了近代中国"切块设市"后民间的地域认同，即"地名竞争"问题。雷家勋认为，"成都"二字历史悠久，而成都

---

[1]《成都县政府、四川省第一行政督察专员公署关于该县参议会提案不必更改县名一案的呈、指令》，《四川省第一区行政督察专员公署》，成都市档案馆馆藏，档案编号：0134-02-0082。

市成立不久，且系由成都县、华阳县划割而来，对两县并不统属，改县名以存市名没有道理，进而，雷家勋也进行了反击，建议成都市应参考自贡市的案例，市名改为成华市或另命市名。

1944 年 11 月 22 日，第一区行政督察公署饬令成都县县长王运明从速呈报新县名称，而成都县府则于 1945 年 2 月 24 日回应称"案查本会第一届第五次大会开会期内，准本会雷参议员家勋提胪陈本县县名不必率议更易理由，请予公决，函县转呈核示案，经本会列为提字第一号提交特种审查委员会审议，后经提付大会讨论，照审查意见通过"①，拒不改名。由于成都县方面态度坚决，成都县改名之事也就不了了之。直到中华人民共和国成立后，1952 年，人民政府决定撤销成都县，其行政区域分别并入成都市和温江县、新都县、郫县、新繁县 4 县，成都市县同名问题便宣告结束。

## 四、原附郭县县治外迁问题

近代中国推行市制，借助"切块设市"划定城市行政地域的过程中，城市的管辖范围均从既有（附郭）县中切割而来。而在传统时代经常出现的府县同城问题，在近代城市行政地域划定之后却成了一个新的问题，即县治在城内，而城市建成区为市辖区，县驻城却仅能管理市辖区之外的部分。一定程度上，附郭县的县治反而成了"飞地"，与其治理区域并不相连。如此，近代中国推行市制"切块设市"的一个遗留问题，便是原附郭县县治外迁问题。

对于县当局而言，推行市制"切块设市"，已将县域内繁华街道割去殆尽，县治驻在城内，虽导致行政管辖上颇多困难，但相较于将县治迁往周边乡镇，其自然不愿外迁。且外迁县治的搬迁和新建办公场所的费用，也是造成县当局消极应对的原因之一。虽然随着社会经济的发展与各级行政部门的干预，原附郭县的县治均或早或晚地迁出市辖区，但其迁治过程，仍可谓"不情不愿"，动作迟缓。

---

① 《成都县政府、四川省第一行政督察专员公署关于该县参议会提案不必更改县名一案的呈、指令》，《四川省第一区行政督察专员公署》，成都市档案馆馆藏，档案编号：0134-02-0082。

　　继续以成都为例。清代成都县、华阳县附郭成都府，府县同城，且衙署驻地都在成都城内正府街附近。成都府衙在正府街北侧西端，东端为华阳县衙门，正府街西边的署前街，则有成都县衙门。自宋代以来，成都府、成都县、华阳县的衙门皆聚集在此，以至于老成都长期流传着这样的民谣："正府街，成都府，成都、华阳两衙署，喊冤告状一通鼓。"[①]20 世纪 20 年代，成都设市。虽然成都市与成都县、华阳县关于划界问题仍有纠纷，但两县重新获得城内的治权已不可能。然而，虽然成都市屡屡催促，但两县外迁县治的工作却进展迟缓。且成都、华阳两县外迁县治所带来的搬迁、选址和兴建费用问题，仍未能得到解决。时任华阳县县长彭善承在筹办迁建华阳县治工作时即总结为"惟划界之争执不已，财务之纠纷未决，市县交拨，迄难彻底实施"[②]。

　　直到抗日战争爆发之后，日军轰炸成都，为减少损失，成都市政当局决定疏散城内政府机关，"本市党政军机关，除负有治安全责如成都警备司令部、四川省会警察局等，仍就原址办公外，本府及其他各机关，均须全体或部分疏散"[③]。其后，四川省政府及所属厅处多迁往茶店子，省政府驻叶家院子，民政厅驻觉庵，财政厅驻塔校，建设厅驻土桥，保安处、田粮管理处、民众教育馆等驻茶店子正街。[④]对于成、华二县县政府，1942 年，"成都县府从正府街疏散至金牛坝，后移塔园校、觉庵；华阳县由梨花街迁至中和场，后移中兴场"[⑤]。

　　成都县、华阳县二县县治与各机关疏散至城外，也就难以重新迁回城内，被迫开始兴建新的县治。对于兴建新的县治，诚如华阳县长彭善承所言："若公共建筑、公共设备，及干道开辟等，要为常务之急。然所需之人力财力甚巨，有

　　① 袁庭栋：《成都街巷志》（上），成都：四川文艺出版社，2016 年，第 349 页。
　　② 彭善承：《华阳县新治分区设计经过》，载张研、孙燕京：《民国史料丛刊》（第 149 册），郑州：大象出版社，2009 年，第 277—281 页。
　　③ 杨全宇：《成都市政府最近三月来施政概要》，《成都市政府周报》第 2 卷第 6 期，1939 年 10 月 17 日。
　　④ 参见杨世廷、孙琪华：《抗日战争时期的茶店子》，载中国人民政治协商会议成都市金牛区委员会文史资料工作组：《金牛文史资料选辑》（第 2 辑），1985 年，第 28—31 页。
　　⑤ 杨世廷、李大经：《金牛区建制概述》，中国人民政治协商会议成都市金牛区委员会文史资料工作组：《金牛文史资料选辑》（第 1 辑），1984 年，第 1—5 页。

非可能于抗战期中期其必有成效者，惟赖实事求是，循序渐进以赴之。"[1]直至 1944 年四川省政府决定"分拨成都四百万元、华阳五百万元，以作补助该两县迁治之需"[2]，两县在外迁县治方面才不再持异议，并开始建设新的治所，成都市因"切块设市"所遗留的原附郭县县治外迁问题方告解决。

20 世纪二三十年代北平市寻求拓宽市界的过程中，旧附郭县县治外迁的问题也同样为时人所关注。为了能够终止北平市对大兴县辖区的划拨，1928 年 11 月河北省大兴县党务指导委员会、教育局、建设局、商会、农会、教育会、县农民协会、县妇女协会暨全县十二自治区、大兴旅平同乡会联名发表的《大兴县公民对于省市划界意见书》中即提出将大兴县治从北平城内迁出，以推动大兴县发展的建议：

> 警厅地面既列为市制，大兴县自应迁至直辖地面为宜，现在公安局之不能设立，其它民治机关亦难如法办理。现在全县中心尚无高等小学一处，虽有种种阻碍，要以县治在旧京以内，隔绝城郊，不能直接统治县境为最大原因。迁移县治，前清时代曾经呈请建议政府允准，未即实行，今幸省政府议及迁移县治，洞悉此中窍要，实为不可少缓之良图，至其种种理由，容另案详陈，总之县治不迁，公安局无由而设，种种建设，无法办理，三民主义亦徒为口号而已。虽有贤宰，亦将束手。[3]

对于"切块设市"后原附郭县县治仍驻市内成为飞地的问题，在成都拓界和北平拓界的过程中，原附郭县的应对方式却截然不同。成都县、华阳县以迁建县治经费无法解决而屡屡拖延，而大兴县却为了能够组织北平市对大

① 彭善承：《华阳县新治分区设计经过》，载张研、孙燕京：《民国史料丛刊》（第 149 册），郑州：大象出版社，2009 年，第 277—281 页。
② 《据签呈为奉令监同成成华三市县划界交拨办理情形并拟具意见请核示一案奉批提请公决由》，《华阳、成都市县府县民呈三市县划界经图划拨保甲户口清册划勘界工作派员监督交接办理事宜提案会议记录与四川》，四川省档案馆藏，档案编号：M054-03-7742。
③ 《大兴县公民对于省市划界意见书》（1928 年 11 月 9 日），《北平特别市政府关于北平市行政区域划界与国民政府、内政部等单位的呈文，指令等》，北京市档案馆藏，档案编号：J001-007-00006。

兴县土地的划拨,积极提出外迁县治以推动维护县域完整,推动县域发展。南北中国两个城市面对同一问题解决的方式截然不同,由此亦可反观近现代中国城市发展过程的多样性与复杂性。

中国的城市政区变迁过程不同于西方,既有传统的延续,又有现实的因素。近现代中国城市行政地域的划定过程,即伴随着市制推行与"切块设市",城市的行政辖区脱胎于地域型政区,并成为独立的城市型政区的过程。

对于城市型政区和地域型政区究竟孰优孰劣,人文地理学界已经进行了比较广泛的讨论,至今尚未得到共识。"切块设市"使得城市的行政地域与城市实体地域相一致,城乡界线清楚,利于市政府根据城市的特点,制定统一的政策,集中精力管理城市。但这种做法会使得城市腹地受到限制,且在实际操作中困难重重。"整县改市"虽能避免"切块设市"过程中所出现的问题,但违背了设置城市型行政区的基本宗旨,造成市区农村人口比重过大、城郊比例严重失调、城乡概念模糊等后果,一定意义上还会导致"假性城市化"的现象。

由于我国长期以来都由县进行地方管理,且并没有地方自治、"自由城市"的传统。而市作为一级新的政区,通过"切块设市",将原地域型政区中最繁华、人口最集中的一块分立出来,单独成为一个政区,对原政区的人口、税收产生重大影响。在"切块设市"的过程中,市政当局多机械地效仿西方城市制度,未能形成长远的城市发展规划,亦未预留城市发展空间,以致随着城市规模的扩大,城市的行政地域与实体地域明显脱节,市县划界纠纷频起。故而民国时期设置的市虽属城市型政区,但随着城市规模的扩大,城市实体地域突破其行政地域时，城市管理者便开始寻求扩大城市辖区，进而获得"大郊区"，并试图推动城市从"城乡分治"的城市型政区向"城乡合一"的地域型政区回归。

一定意义上而言，民国初年城市地域划定中的"切块设市"问题，是一种机械效仿西方的结果，这既涉及城市行政地域的划定问题，也涉及这一时期有关城市的观念问题，即这一时期该如何处理城市与乡村的关系？如何处理城市与郊区的关系？郊区是否必须归属于城市？城市究竟需要多大的郊区（发展腹地或者发展备用地）？城市化的地区为何必须归属于城市而不能归属于周边的县？被"切块设市"后剩余的县域为何不能单独进行城市化？为何一定要"切块设市"而不能实现市与县的一体化？这些问题在今天也许已经不是问题了，而回到当时，对于当时人而言，似乎也不是问题。不过，与其说对于当时人而言不是问题，不如说是当时人没有意识到这是个问题。当时中国人的市政观念主要来自西方，不是一种"地方性经验"，故而当时的中国人对市制、市政的认识仍比较僵化，在"切块设市"的过程中，人为地将"城乡连续体"中的城市建成区切割出来。这种"城乡分治"不是自然形成的，也不是"自古以来"便是如此的，既是人为，则自然有了可以讨论和调整的余地，以静态的实现界线去界定动态的城市发展，难免陷入被动局面。因市制的推行和城市政区的划定，导致城乡关系从"城乡合一"向"城乡分治"转型，一方面各自的政治和利益共同体开始形成，而原有的经济和制度格局又没有且不能一下子划开、理清，存在诸多纠葛，所以在新的竞争格局下更容易发生纠纷和权益争夺，如此，使得通过"切块设市"的方式建立起来的城市或多或少都会与周边的县产生纠纷。只不过，有些城市在历经数年或数十年的划界纠纷后，城市行政地域能够得到实质拓展，而有些城市的拓界计划却在多方博弈中最终被搁置。对于近代中国城市地域生成的个案，本书将在第五章和第六章分别以北平城市地域的拓展和成都市县划界纠纷为例进行专题讨论。

# 第五章

城市地域生成的个案（一）：
政区调整与 20 世纪二三十年代
北平城市地域扩展的搁浅
·
·
·
·
·
·
·
·

清末以降，随着《城镇乡地方自治章程》的颁行，中国开始推行城乡分治，其后开始推行市制。而建制市政区的划定范围往往以旧有警区为界，将既有城区"切块"。作为一级独立政区与作为独立法人地位的自治单位，新设立的市有必要与其邻县划定明确界线。在城市发展中，一方面出现城市建成区，即城市实体地域溢出其行政地位，另一方面，部分与城市密切相关的事业，如供水、供电、交通等设施因历史或现实原因，设置于邻县。在这种情况下，民国时期多数因"切块设市"而形成的建制市皆面临与邻县的勘界或扩界问题。

在对北京城市发展的研究中，史明正、David Strand、董玥、程为坤等颇具代表性。①王玲、吴建雍、王岗、姜维堂、尹钧科等从宏观层面为北京城市史研究奠定了基础。②孙冬虎、王均所著《民国北京（北平）城市形态与功能演变》一书为研究民国时期北京的城市形态与功能做出重大贡献。③具体到北

---

① 参见史明正：《走向近代化的北京城——城市建设与社会变革》，北京：北京大学出版社，1995 年。David Strand. *Rickshaw Beijing: City People and Politics in the 1920s*. Berkeley: University of California Press, 1993. 董玥：《民国北京城：历史与怀旧》，北京：生活·读书·新知三联书店，2014 年。程为坤：《劳作的女人：20 世纪初北京的城市空间和底层女性的日常生活》，杨可译，北京：生活·读书·新知三联书店，2015 年。

② 参见王玲：《北京与周围城市关系史》，北京：北京燕山出版社，1988 年。吴建雍、王岗、姜纬堂等：《北京城市生活史》，北京：开明出版社，1997 年。尹钧科：《北京建置沿革史》，北京：人民出版社，2008 年。

③ 参见孙冬虎、王均：《民国北京（北平）城市形态与功能演变》，广州：华南理工大学出版社，2015 年。

平的市政、市政与市辖区问题，王亚男等对 1900—1949 年北京的城市规划与
建设进行研究[①]，胡恒探讨了清代北京的城属问题[②]，公一兵对北京近代警察
制度之区划进行研究[③]，韩光辉等对清代及近代北京城市郊区行政界线以及郊
区的形成等问题进行探讨[④]，李少兵以 1912—1937 年北京城墙的变迁来探讨
城市角色、市民认知与文化存废。[⑤]此外，对于其他城市的政区调整与市制辖
区问题，徐建平、朱彦同等都对民国时期南京特别市的政区调整进行研究。[⑥]
胡乐伟、吴宏岐探讨了中国市辖区形成的历史过程。[⑦]既有研究虽关注市县政
区变动与政区制度变革，却往往忽略对政区变动的动因及影响的探讨。日本
学者越泽明曾对北京的都市计划进行研究[⑧]，孙冬虎、王均曾对民国时期北平

① 参见王亚男：《1900—1949 年北京的城市规划与建设研究》，南京：东南大
学出版社，2008 年。薛春莹：《北京近代城市规划研究》，武汉理工大学硕士学位论
文，2003 年。吴家林、徐香花：《何思源与北平的城市建设及管理》，《北京社会科
学》2000 年第 1 期，第 71-78 页。张锋：《朱启钤与北京市政建设》，首都师范大学
硕士学位论文，2007 年。

② 参见胡恒：《清代北京的"城属"与中央直管区》，《开发研究》2016 年第 2
期，第 13-19 页。

③ 参见公一兵：《北京近代警察制度之区划研究》，《北京社会科学》2004 年第 4 期，
第 104-114 页。

④ 参见韩光辉：《清代北京城市郊区行政界线探索》，《地理学报》1999 年第 2
期，第 150-157 页。韩光辉、尹钧科：《北京城市郊区的形成及其变迁》，《城市问题》
1987 年第 5 期，第 54-59 页。

⑤ 参见李少兵：《1912—1937 年北京城墙的变迁：城市角色、市民认知与文化
存废》，《历史档案》2006 年第 3 期，第 113-120 页。

⑥ 参见徐建平：《民国时期南京特别市行政区域划界研究》，《中国历史地理论丛》
2013 年第 28 卷第 2 期，第 56-70 页。朱彦同：《民国时期江宁与南京行政区划纷争
研究（1927—1935）》，南京师范大学硕士学位论文，2014 年。

⑦ 参见胡乐伟、吴宏岐：《论中国市辖区形成的历史过程》，《陕西师范大学学报》
（哲学社会科学版）2013 年第 5 期，第 50-56 页。

⑧ 参见越泽明：《北京的都市计划》，黄世孟译，《台湾大学建筑与城乡学报》
1987 年第 3 卷第 1 期，第 235-245 页。

市域的拓展计划进行探讨①，《北京档案史料》杂志也曾对相关档案进行整理②。

民国北平市的辖区是研究北平城市史与北京市必须要明确的空间基础，为此，本章通过梳理 1928—1932 年间北平市政当局扩界计划，即"何其巩扩界计划"的提出与努力及该计划所遭到的多方"围剿"，探讨近代中国城乡分治过程中市县划界，即城市地域生成与界定中的共性问题。

## 第一节　北平拓界计划的提出

近代北京的市政萌芽肇始于内外城警察厅与京都市政公所。受清末《城镇乡地方自治章程》以及近代城市型政区形成中的"切块设市"的方式所限，早期市政机构的管辖范围往往只有城墙以内以及环城郊区一带。近代的北京亦是如此。京都市政公所成立后，直至 1918 年其管辖范围才扩大到北京内外城全部区域。1925 年 9 月辖区方推及四郊各区。1928 年 6 月 20 日，国民党中央政治会议第 145 次会议决定，直隶省改名为河北省，旧京兆区及各县并入河北省，北京市改名为北平市。③并据 1928 年 7 月 3 日由国民政府正式颁布的《特别市组织法》，北平为特别市，"直辖于国民政府，不入省县行政范围"④。

---

① 参见孙冬虎、王均：《民国时期北平市域的拓展计划初探》，《中国历史地理论丛》1999 年第 3 期，第 218-227 页。

② 参见《1928—1936 年北平行政区域边界勘划史料》（一），《北京档案史料》1999 年第 3 期。《1928—1936 年北平行政区域边界勘划史料》（完），《北京档案史料》1999 年第 4 期。《日伪统治时期北京特别市行政区域边界勘划史料》，《北京档案史料》2005 年第 1 期。

③ 参见《第一四五次中央政治会议》，《中央日报》（上海）1928 年 6 月 21 日，第 1 张第 2 面。

④《特别市组织法》（1928 年 6 月 20 日），载中国第二历史档案馆：《中华民国史档案资料汇编》（第五辑第一编），南京：江苏古籍出版社，1994 年，第 125 页。

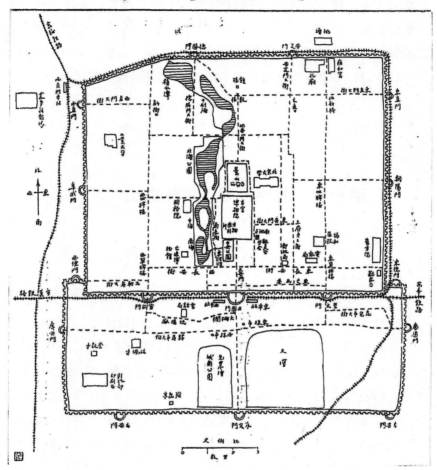

图 5-1　北京内外城简明地图[1]

　　北平特别市成立后，其辖区以原京都市政公所及警察总监旧辖城郊区域为限，范围东至大黄庄、西至三家店、北至立水桥、南至西红门，面积 706.93 平方千米，其中城区约占 10%，郊区约占 90%。[2]因为市域面积有限，许多与城市关系密切的设施均不在市域内，自来水水源地在孙河镇，发电厂在石景

---

　　①《插图：北京内外城简明地图》，《工程（中国工程学会会刊）》，1926 年第 2 卷第 2 期，第 1 页。

　　② 参见王亚男：《1900—1949 年北京的城市规划与建设研究》，南京：东南大学出版社，2008 年。

山，交通枢纽在丰台，煤的主要供给地在门头沟。以上各地或在大兴，或属宛平，给北平城市管理和建设带来诸多不便。①

"市行政区域之划分乃本市目前最要之图，亦为一切建设之根据，若不及早划定，则权限揉杂，政务停滞，实为建设新北平之阻力。"②故而，北平特别市设立之初，即面临与大兴、宛平二县的勘界问题。为此，市政府向国民政府提出勘界建议。对于勘界，国民政府要求其按宁沪成案处理，并明确表态。河北省政府表示派员会同勘划，亦不表态。1928 年 8 月 14 日，北平市政府致国民政府的呈文中再次强调："北平特别市区域范围亟应划定，以便着手建设。……详情备文另呈外，请早决定，俾权限划分，施政有序。"③

1928 年 9 月 10 日，北平市政府市长何其巩④将其最终拟定的《北平特别市政府拟划市区域说明书》及其所划入主要市镇的说明一并呈给国民政府。呈文认为，"咸以行政区域为一切行政之根据，必须区划分明，而后治权统一、措施允当"。北平之前办理市政的区域屡经变更，1925 年将四郊划入市辖，即为目前统治之北平城郊现状。而"近自市政府依法组织成立，而区域尚未规定，不特各项市政无从计划，即与河北省政府权限和亦虞纷歧（分歧）。影响所及，实非浅鲜"⑤。其具体所划定的界限，东界北自东坝、南至大羊坊（旧界），东北包孙河镇、东南达马驹桥界（新界）；南界包有南苑全部抵魏善庄，东南联马驹桥西抵永定河岸（均新界）；西界北至石窝村北，南抵门头沟，再南以永定河岸为界（北部旧界、南部新界）；北界展拓至大小汤山以北，东

---

①参见尹钧科：《北京建置沿革史》，北京：人民出版社，2008 年，第 209 页。
②《审查划分本市区域案》（1928 年 8 月 18 日），《北平特别市政府关于北平市行政区域划界与国民政府、内政部等单位的呈文，指令等》，北京市档案馆藏，档案编号：J001-007-00006。
③《1928—1936 年北平行政区域边界勘划史料》（一），《北京档案史料》1999年第 3 期，第 13 页。
④ 何其巩（1899—1955），字克之，安徽桐城（今铜陵市）人。北平特别市首任市长，也是北京历史上的首任市长，后曾长期担任中国大学代理校长。关于何其巩的研究，参见乔凌霄：《民国首任北平市长何其巩》，《北京社会科学》2003 年第 1 期，第 76-82 页。
⑤《呈为拟定本市行政区域绘图说仰祈鉴核事》（1928 年 9 月 10 日），《北平特别市政府关于北平市行政区域划界与国民政府、内政部等单位的呈文，指令等》，北京市档案馆藏，档案编号：J001-007-00006。

北联孙河镇，西北达石窝村北（均新界）。"依上列划分市区界限，周延约四百里，东西相距约九十里，南北相距约八十五里，总面约得六千五百方里。"①而划分的原则，则"根据行政便利，交通完备，形势整齐，建设合宜之四种原则定之"。具体而言，行政便利方面，北平"切块设市"后，为便于管理，孙河镇、丰台镇、南苑与城市联系密切，应该划入，与此同时，大宛两县县治也应迁出城外；交通完备方面，北平是汉平、平奉、平绥铁道交汇之地，东自通惠河而达运河，西有平门支线，如将丰台、卢沟桥、门头沟一并划入，如此则西濒永定河南扼三路之冲，水路交通于焉俱备；形势整齐方面，如将南部的南苑划入以免壤地交错，北部大小汤山划入以期联络而造成田园都市之基础，则划定东西之距离与南北相若，道里既属平均，形势确能整齐；建设合宜方面，北平城市自国都南迁以来，百业凋零，四民失业，而门头沟一带乃煤矿聚集地，南苑农业发达，大小汤山以达平西古迹名胜，若划入市区，亦足以发扬文化并改造艺术的都市。②

此外，文件中也列出关于划入主要市镇的具体理由。

孙河镇　查该镇距平城三十三里，为北平自来水水源，全市饮水现在悉取给于此。将来市镇发展，所有清洁、疏浚、改建息息与卫生、行政相关，必须划入管理，乃便经营，否则为河北省辖之一镇，恐无整理之望。倘水流不洁，疫疬斯兴，水源不畅，饮料堪虞。为卫生计，势非统一管辖不可也。

丰台镇　查该镇当本市南部之西南，原为前清右营汛地，嗣以设立车站，乃划归宛平县，设立警察分所。而南部管界直及丰台住户墙外。该镇又系三路之交点，户口殷繁，乃因管辖权所限，于侦查缉捕动形障碍，于本市治安亦多关系，似应规复旧制，仍应仍归市区之内。

卢沟桥镇　查该镇距平城三十八里，地当永定河左岸，交通既属

①《呈为拟定本市行政区域绘图说仰祈鉴核事》（1928 年 9 月 10 日），《北平特别市政府关于北平市行政区域划界与国民政府、内政部等单位的呈文，指令等》，北京市档案馆藏，档案编号：J001-007-00006。

②《呈为拟定本市行政区域绘图说仰祈鉴核事》（1928 年 9 月 10 日），《北平特别市政府关于北平市行政区域划界与国民政府、内政部等单位的呈文，指令等》，北京市档案馆藏，档案编号：J001-007-00006。

要冲，水患尤关重大，应予划入，庶可扼西路之咽喉，且便共同治河。

门头沟　查该处距平城六十里，为平门铁路之终点，距郊界三家店只一站，交通綦便而北平煤炭悉恃该处出产，应即由市区管辖以免纷歧（分歧）。即将来整理矿产，发达（发展）工业，以特别市财力经营之更有裨益。

南苑　查该苑距平城二十余里，前清为奉宸苑，清末开垦，始设营市街警察局，近年盗贼出没，治理不周，且与本市南郊处处毗连。自南苑东北角大羊坊起，西至角垈，转南至西大红门止，延亘数十里，各村落咫尺相望，为维持治安计，为发达农作计，均亟应收入市区，藉资整顿，固不仅形势上本插花于市区内也。

黄村镇　查该镇距平城五十里，与南苑毗连，南苑既划入市区，即应联带划入，以裨治理。

大小汤山　查汤山为平北名胜，与平西各园林形势联络。行宫温泉，建筑崇宏，道路直达，游客络绎，与北平至有关系，尤有划入之必要。[1]

对于北平市的辖区与周边形势，可参见如下三图。

图 5-2　北平特别市区域略图[2]

①《呈为拟定本市行政区域绘图说仰祈鉴核事》（1928 年 9 月 10 日），《北平特别市政府关于北平市行政区域划界与国民政府、内政部等单位的呈文，指令等》，北京市档案馆藏，档案编号：J001-007-00006。

②北平特别市土地局：《北平特别市区域图（中华民国十八年一月）》，《土地特刊》1929 年第 1 期，第 10 页。

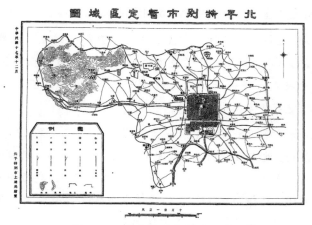

图 5-3　北平特别市暂定区域图①

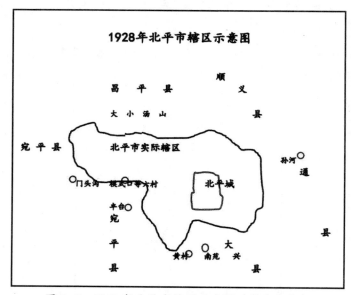

图 5-4　1928 年北平市辖区示意图（笔者自绘）

　　一定意义上来看，何其巩所提出的扩界计划实际上也是国民政府南迁、北平丧失国家政治中心地位后濒临衰落的一种应对。何一民教授曾指出："农业时代中国城市的一个重要发展规律为政治中心城市优先发展规律……一个城市的发展规模和发展速度与其政治行政地位的高低成正比，政治行政地位

---

　　① 北平特别市土地局：《北平特别市区域图（中华民国十八年一月）》，《土地特刊》1929 年第 1 期，第 11 页。

越高的城市，规模也越大，发展速度就越快；反之，政治行政地位越低的城市，规模也越小，发展速度就越慢。如果一个城市成为首都，那么这个城市就会在较短的时间内得到超常的发展。相反，当它一旦失去了首都的政治行政地位，那么它的发展就会出现衰落。"[①]

1928 年 10 月 2 日，国民政府将北平市有关划定市行政区域的计划转批内政部与河北省政府。10 月 6 日内政部致函北平市政府，再次强调其"应依照宁沪成案，先由省市政府协商，并由内政部派员会同划定"的建议，并决定派员会同河北与北平的勘界。[②]根据北平市的勘界要求与内政部的公函，河北省政府决定于 10 月 27 日派遣员前往北平市政府商洽省市划界问题，决定双方会同内政部共同勘界。[③]对于北平勘界，内政部在致国民政府的呈文中提出，"此次北平特别市政府呈请改划界址，系为发展市政起见，自应候委勘核定后核办。惟在此项新界未经划定以前，北平特别市政府管辖地面自应按照前北京市政公所及警察总监所管之界限为原有之区域，以明权责而利市政"[④]。

如是，北平市政府急于扩界，内政部强调应按宁沪成例由双方共同勘划，而河北省政府虽同意会同勘划，但实际持反对态度。正在北平的勘划计划即将启动之时，大兴县呈文国府，反对北平市的扩界计划，宛平县则产生了模式口等六村之争。由于河北省政府的暧昧态度以及大兴、宛平两县的激烈反对，尤其模式口等六村的归属问题迟迟难以解决，使得北平市的扩建工作陷入困局。

---

①何一民：《从政治中心优先发展到经济中心优先发展——农业时代到工业时代中国城市发展动力机制的转变》，《西南民族大学学报》（人文社科版）2004 年第 1 期，第 79—89 页。

②《内政部致市政府公函》（1928 年 10 月 6 日），《北平特别市政府关于北平市行政区域划界与国民政府、内政部等单位的呈文，指令等》，北京市档案馆藏，档案编号：J001-007-00006。

③《河北省政府致市政府公函》（1928 年 10 月 27 日），《北平特别市政府关于北平市行政区域划界与国民政府、内政部等单位的呈文，指令等》，北京市档案馆藏，档案编号：J001-007-00006。

④《内政部致市政府公函》（1928 年 11 月 9 日），《北平特别市政府关于北平市行政区域划界与国民政府、内政部等单位的呈文，指令等》，北京市档案馆藏，档案编号：J001-007-00006。

## 第二节　省、县、村的多方反对

北平的扩界计划，同时涉及市省划界、市县划界、市村划界三个层次。河北省政府虽同意勘界，但鉴于北平、天津两特别市均提出勘界乃至扩界要求，故对二者的勘界计划均持反对态度。对于北平市的扩界计划，大兴、宛平两县亦表示反对。大兴县由县党务委员会联合各行政与民间团体，发表反对划界的意见书。而宛平县方面，市政府与模式口等六村居民就六村的归属问题陷入僵局，宛平县政府也对六村村民表示支持。加之商议扩界过程中北平市市长易人以及从特别市降等为普通市，更增加了划界的阻力。

对于北平市的扩界计划，1928 年 9 月 10 日河北省政府委员会第二十一次例会提出《提议河北省与北平天津两特别市划分行政管辖区域意见书案》。河北省政府认为，对于省市区域权限划分办法，依据国民政府的指令，应照沪宁成案并由内政部派员会同划定。而宁沪两市区域的划分标准，"不外就各都市原旧管辖区域，如南京城厢及上海市原有地区及附近最小部分，如八卦洲"。面对"今北平特别市政府拟定之区域有大兴宛平两县以及昌平县之半"的要求，河北省政府依据国民政府公布之特别市组织法第四条"特别市区域之划定、变更及扩大，由特别市政府呈国民政府"，认为"既分别划定、变更、扩大为三项，是划定市区应以当时需要及地方情形为标准。俟有必要时，再行变更或扩大。非谓划区之始即预留若干年后扩充之地步也"。对于市区的组织，应按照户口之密率、企业之趋势、市民生活之状况与地方风俗习惯交通之便利，"划归同一政权管辖范围之下，使之平均发展以养成一般民众自治之精神"，而不能分割省属若干县，将众多乡镇村落并为一区以表示市制之广大。此外，省政府认为，即便援引新说，"特别市不仅注重商埠，兼有田园市之计划，然亦止能就市区四旁附近农村地方，酌量设备，不应将山阪海滋划入预定范围"。①据此，河北省政府认为，北平特别市的范围应以从前北京内外城警察所管区域为市行政范围。若为扩大范围计，可再将四郊警察署所管辖区域划入，"如此则北平特别市行政区域已将繁盛街市包括无遗矣"。②

1928 年 11 月 9 日，河北省大兴县党务指导委员会联合大兴县教育局、建设局、商会、农会、教育会、县农民协会、县妇女协会及全县十二自治区、大兴旅平同乡会等机构，发表《大兴县公民对于省市划界意见书》。意见书认为，按照北平市的扩界计划，将大兴之北平第五区及第六区南苑包括在内，仅留黄村、礼贤、青云、采育四镇留作县治之范围，"是仅为北平市计而未计及全县人民情况、财产之负担、地面之大小、县知事之能否为治也"③。意见书中提出反对扩界的"六不可"：

> 以地势言，大兴地域不过二百六十余村，所以称为六县而列居全国之首者，实以北平旧都及内城外城及四郊地面大兴直辖其半，范围甚广，迄前清末叶以及（民国）元（年）以来历经沿革，将大兴城郊划归警厅，所有政权、财权、管理权剥夺已尽，精华已失，今又将第五、第六两区划入市府，其余四区不成为县，此其不可者一也。

> 市与县同一国家，同一住民，有何区别？不过社会状态不同，组织不同，即治理方法亦不能无异，是宜于市者未必宜于乡，宜于乡者亦不同于市，其不同之点种种理由，法律家、政治家、建设家均各能详。若割县治两区归入市府，混同而治，不惟与民族民生之主义不协，亦岂非违反创设市制之初意耶？此其不可者二也。

---

① 《提议河北省与北平天津两特别市划分行政管辖区域意见书案》（十七年九月十八日河北省政府委员会第二十一次例会提出），《河北民政汇刊》1929 年第 2 编，第 5—10 页。

② 《提议河北省与北平天津两特别市划分行政管辖区域意见书案》（十七年九月十八日河北省政府委员会第二十一次例会提出），《河北民政汇刊》1929 年第 2 编，第 5—10 页。

③ 《大兴县公民对于省市划界意见书》（1928 年 11 月 9 日），《北平特别市政府关于北平市行政区域划界与国民政府、内政部等单位的呈文，指令等》，北京市档案馆藏，档案编号：J001-007-00006。

所贻（遗）留之四区，即黄村、礼贤、采育、青云四镇是也。查黄村、礼贤、青云三区地面系三角形，每方面边线仅三十里上下不等，区域甚小，采育一区，由南苑迥城门起，东南沿凤河两岸抵凤河营止，联村一线，宽不及十余里，长仅三十里有奇，总计四区地面不足二百小村，等于弹丸，眇乎甚小，且所有地面，由西北而往东南，俱系永定河旧溜沙压之地，斥卤盐碱，一望而知，加以永定河上游两岸增高，东岸黄土坡一带渗漏之水，涌泉百出，每值夏季，雨期波及四镇，各村漫地横流，汪洋一片，甚至冬春不断，凡乘坐平津火车经过黄村、安定各车站，一片荒凉，有目共睹；留此弹丸片土，何以为治？此其不可者三也。

三民主义重在民族、民权、民生，是以主张民治，扩充县为府范围，设公安、教育、财政、建设、卫生等局，如此狭小地方，何以筹款？何以负担？况连年战争，兵祸匪祸，搜括（搜刮）靡遗，为此孑遗，更何以筹款？何以负担？此其不可者四也。

侧闻议者以为北平萧条，筹款支绌，每年收入亏短若干千万，拟割大宛通昌丰盛之地以补足之，某等尤期期以为不可，窃闻建设者宜从民生着眼，筹款者宜从大处着眼，若北平市特有之崇关系清建，内府之收入，军阀总统踵而行之，尽行饱入私囊，革命到底自应将此不详之制度一律铲除，不使帝制余毒稍留痕迹。既不能去，请将此款提出一小部分接济市政府之亏短，以市政府地方之收入作为市政府之年用，谁曰不宜？若仅计及于南苑，在县政府失却重心，在市政府视之，不啻九牛一毛，况前经京兆尹李垣时代，宫室庙产拆卖几尽，开放地亩，前既放垦，复经留置，也无法再事搜罗，有损于县，无补于市，有损于民，无补于国，此其不可者也五也。

国民政府明令旧京兆二十县划归河北省，是大兴六区全境，与其它之十九县同属河北省之范围，省市界限已定，划界时自应以旧警厅管辖地面为标准，若再将大兴县二区划入市政，不惟与地势民情两不相协，亦与明令有违，此其不可者六也。①

---

① 《大兴县公民对于省市划界意见书》（1928 年 11 月 9 日），《北平特别市政府关于北平市行政区域划界与国民政府、内政部等单位的呈文，指令等》，北京市档案馆藏，档案编号：J001-007-00006。

为了阻止北平市对大兴县域的扩张，《大兴县公民对于省市划界意见书》也提出将大兴县治从北平城内迁出，以推动大兴县发展的建议。

11 月 22 日，中政会北平临时分会将《大兴县公民对于省市划界意见书》转批河北省政府与北平市政府，并令北平市政府"于省市划界时对于原书所举各端加以充分注意"。①

在北平市扩界计划提出及推行的过程中，据既有史料来看，宛平县并未明确主张反对北平勘界，仅在涉及模式口等六村的归属问题时曾表态。而当时的社会代表对将模式口等六村完全划归北平市政府表示反对，模式口等六村借助宛平县乃至河北省政府的支持，与北平市政府展开了漫长的归属权之争。所谓模式口六村，即北平西郊之模式口、马尾桥、高井村、五里坨、三家店、田村等六村，阜青路穿村而过。

1928 年 11 月，宛平县模式口等六村代表李瑞泉等呈文中政会北平临时分会，呈文名为《呈为胪陈插花村庄人民困苦恳请划归县属以一事权而苏民困事》。模式口六村的归属问题，实为清末遗留问题，六村原属宛平，清代六村北半部划归营汛管辖。国体共和后，营汛辖区改由城郊管辖，以至于六村南北长期分裂。②"幸我革命北伐成功，民等困苦可有苏解之望。"③对于

① 《中央政治会议北平临时分会给市政府的训令》（1928 年 11 月 22 日），《北平特别市政府关于北平市行政区域划界与国民政府、内政部等单位的呈文，指令等》，北京市档案馆藏，档案编号：J001-007-00006。
② 雍正年间划定京师城属界址，并依据京营的管辖范围进行确定。经划定，大城外三营的管辖地界中，"西二汛，南营外南三守备汛内所辖，至大井村止，外南一守备汛内所辖，至田村府君庙止，均接拱极营界"（乾隆《大清会典则例》卷一七九《步军统领》，北京：中华书局，1993 年）。汛地与城属范围的划定，形成模式口等六村南北割裂的局面。对于清代与民国时期北京城属与郊区的形成过程，可参见韩光辉：《清代北京城市郊区行政界线探索》，《地理学报》1999 年第 2 期，第 150-157 页。韩光辉、尹钧科：《北京城市郊区的形成及其变迁》，《城市问题》1987 年第 5 期，第 54-59 页。胡恒：《清代北京的"城属"与中央直管区》，《开发研究》2016 年第 2 期，第 13-19 页。
③ 《呈为胪陈插花村庄人民困苦恳请划归县属以一事权而苏民困事》（1928 年 11 月），《北平市政府关于模式口等六村代表李瑞泉等请将该六村划归宛平县管理问题与北平政治分会、公安局、河北省政府等的来往文件》，北京市档案馆藏，档案编号：J001-007-00005。

村庄割裂，呈文提出"六村村民痛苦者四"：其一，六村自治之事均由宛平县令办理，城郊官署无行政可言；其二，村庄割裂，行政不便，有碍于村政党政之发展；其三，城郊遇事推诿，村民只尽义务而未享保护之权利；其四，以地势而论，六村北面靠山，以山为界更合形胜。据此，六村村民恳请"俯顺舆情，主持民意，准予六村插花村庄完全划归宛平县管辖"①。

对此，1928 年 11 月 23 日中央政治会议北平临时分会给市政府的训令中再次强调："令仰该市政府于省市划界时对于该代表等陈述各端予以充分注意，各求适当。"②其后，六村村民数次向国民政府、内政部等呈文，要求划归宛平。模式口六村的归属问题反而成了一场漫长的争夺战。自 1928 年 11 月 9 日的《呈为胪陈插花村庄人民困苦恳请划归县属以一事权而苏民困事》呈文之后，模式口等六村代表在 1928—1932 年间先后十余次向相关机构呈文。由于模式口等六村居民的呈文相对具有同质性，兹列历次呈文如下。

---

① 《呈为胪陈插花村庄人民困苦恳请划归县属以一事权而苏民困事》（1928 年 11 月），《北平市政府关于模式口等六村代表李瑞泉等请将该六村划归宛平县管理问题与北平政治分会、公安局、河北省政府等的来往文件》，北京市档案馆藏，档案编号：J001-007-00005。

② 《中央政治会议北平临时分会给市政府的训令》（1928 年 11 月 23 日），《北平市政府关于模式口等六村代表李瑞泉等请将该六村划归宛平县管理问题与北平政治分会、公安局、河北省政府等的来往文件》，北京市档案馆藏，档案编号：J001-007-00005。

③ 据《1928—1936 年北平行政区域边界勘划史料》（一），《北京档案史料》1999 年第 3 期；《1928—1936 年北平行政区域边界勘划史料》（完），《北京档案史料》1999 年第 4 期；《北平市政府关于模式口等六村代表李瑞泉等请将该六村划归宛平县管理问题与北平政治分会、公安局、河北省政府等的来往文件》，北京市档案馆藏，档案编号：J001-007-00005；《北平特别市政府关于北平市行政区域划界与国民政府、内政部等单位的呈文、指令等》，北京市档案馆藏，档案编号：J001-007-00006；《北平特别市政府关于模式口等村代表李瑞泉等反映该村管辖问题与内政部、河北省政府等的来往文书》，北京市档案馆藏，档案编号：J001-007-00017；《北平市政府河北省政府关于模式口等六村划归宛平县管辖问题的有关训令、公函等》，北京市档案馆藏，档案编号：J001-007-00024 等文献资料整理。

表 5-1　1928—1932 年模式口等六村代表历次呈文信息表③

| 时间 | 题目 |
|---|---|
| 1928 年 11 月 | 《呈为胪陈插花村庄人民困苦恳请划归县属以一事权而苏民困事》 |
| 1929 年 1 月 8 日 | 《呈为村庄分裂痛苦难伸恳请俯顺舆情体恤民艰迅将割裂区区六半街村庄划归还宛平以一事权而苏民困事》 |
| 1929 年 4 月 8 日 | 《呈为群情激奋冤抑难伸恳请俯顺舆情迅令北平市政府将割裂村庄划还宛平县以一事权而救民困事》 |
| 1929 年 4 月 13 日 | 《呈为群情激奋冤抑难伸恳乞主持民意迅与北平市政府会商将割袭村庄划归还宛平县完全管辖以一事权而苏民困事》 |
| 1929 年 7 月 1 日 | 《呈为村庄割裂人民困苦恳请主持民意迅将割裂村庄划还县治以一事权而救民困事》 |
| 1929 年 9 月 5 日 | 《呈为六村特别割裂人民极感痛苦恳请详查俯顺民意迅予归县以救民困而解痛苦事》 |
| 1930 年 1 月 17 日 | 《呈为群情惶惑冤抑难伸恳请俯顺民意以振民困而一事权事》 |
| 1930 年 12 月 26 日 | 《呈为县属村庄割裂市郊重征捐税人民痛苦万分呼吁无灵不得已环恳赐予明令速为划归被割六半街统属县治以维民命而解痛苦事》 |
| 1931 年 5 月 17 日 | 《呈为村庄分裂两属困苦早经呈请已蒙批准停征房捐在案惟未奉明令拨归整村属县治理乃痛苦仍未解除自治行政均碍进行再恳乞顾全民意予重习惯迅将区区之六半村赐予明令拨让宛平县完全治理以期行政自治进行而解人民痛苦事》 |
| 1932 年 11 月 9 日 | 《呈为六村横遭割裂群情无法隐忍迭请整村归县久置不予拨让再恳主持公道勿以管辖为辱迅赐拨让区区六村为整统属县治以一事权而利进行事》 |

　　模式口等六村村民代表不仅各方呈文，呼吁将六村整体划归宛平之外，李瑞泉等人也亲身前往北平市政府，强调其意见。1929 年 8 月 21 日李瑞泉等来市政府要求陈述，市政府秘书夏肃初予以接待。李瑞泉陈述主要观点：六村

为街道南北分裂，村民省会颇感困苦，望市长能够迅速解决；请将市区所派警察撤去；张市长（即张荫梧）①素来顾全民情，请市长主持，即予划分；如不得请誓将以死力奋斗，至达到目的为止。对于这次谈话，夏肃初总结为"其余谈话甚长，多系恐吓无谓之词，当答以必为转呈，请市长、秘书长迅予核办。该民等仍再三叮嘱而去"②。

对于北平特别市的扩界计划，河北省、大兴宛平二县、模式口等六村分别在市省划界、市县划界、市村划界三个层次上予以阻止，使得北平市政当局不得不各方回应，疲于应付。

## 第三节  北平市政府的努力与妥协

面对各方的反对，北平市政当局也不得不四面回应，具体的回应措施主要为派员调查、回文驳斥、呈文申诉、会议讨论等。

对于《大兴县公民对于省市划界意见书》，北平市政府于 11 月 29 日呈复国民党中央政治会议北平临时分会，对于大兴县"此项意见书对于原拟孙河镇南苑划归市区一切均持异议"的做法，市政府认为，同属国土，属市属县原无区别。孙河孤悬东北，介在北平市及顺义间，与大兴县各区隔绝，而南苑开放未久盗贼渊薮，与平市至有关系。将来如果划并入市，以市区财力逐渐举办市政，充分维持公安，不难群趋乐利之途。对于大兴县所谓利其收入以补足市费，更与事实绝殊。此外，"大宛两县，前因都城关系，沿袭封建思想，同城分设二县，特异于全国，实则地积畸零，财力微薄，尚不及中

---

① 张荫梧（1891—1949），字桐轩，河北博野人，国民党陆军上将。曾任晋军师长、军长、北平警备司令、北平市长等职。

② 《市政府秘书夏肃初就 8 月 21 日与李瑞泉等谈话给秘书长的汇报》（1929 年 8 月 21 日），《北平特别市政府关于模式口等村代表李瑞泉等反映该村管辖问题与内政部、河北省政府等的来往文书》，北京市档案馆藏，档案编号：J001-007-00017。

等一县，嗣后应如何设治，自有省政府主持办理。近见报载，首都江宁县业已裁并，足征中央注重市政建设，初不斤斤于县之存废也"①。对大兴县反对划界一事予以回击。

对于模式口等六村村民 11 月的呈文，即第一次呈文，市府 11 月 29 日即令市公安局，"转令该管警察署派员分赴上列各村，将各村行政情况、分辖沿革，暨该管区与宛平县向来如何分割治理，各该村南北半户口各有若干，详为调查，分绘详图，连同原图迅即呈复"②。其后，公安局即派员调查，1929 年 1 月 8 日，公安局就模式口等六村的调查结束，并呈复市政府。调查结果如下。

> 经派员查得：由模式口至三家店相距二十里余，向以大道划界，乃天然界限，均称便利，若另改划，势必参差不齐。而各村请改主因，实以前警厅开征警捐后，宛平县署向征各该村警捐一种并未撤消（销），村民对于警政上实有负两层义务之苦。但该村等既系西郊警察管区，警察事件向不归县属警察办理，是县征警捐殊与事实不符，曾咨复请转饬县署将四郊警察界内各该村附征警捐暂行公布豁免，即可根本解决在案。兹奉前因，遵饬该管西郊区署遵照令开各节查复去后。兹据复称，查明管界模式口等六村均系天然大道划界，道南属宛平县治，道北先归西城坊管辖，嗣复改隶步营，近自营汛裁撤，改设郊警仍沿旧制接管。此郊县划界之沿革暨郊县分划治理之大略也。至上列各村行政情形暨请改划原因，经约集该村巨户殷海阳等询称：往昔城汛管辖时代，民刑、告诉、检验及赋税等事均属县署节制，城汛只缉捕盗贼、弹压地面，对于地方事务，由诸村正副单承县署处理。迨四郊改编警察，所有民刑、告诉、检验等事，居北半街者，归郊署办理，居南半街者，归县署办理，唯赋税既随粮，警捐、学捐以及军事各费，则无分街南街北，悉由县署征收，街北居民于前项各捐税外，仍须向郊署等机关交纳房捐铺捐，捐

---

① 《市政府关于大兴划界意见书给中央政治会议北平临时分会的呈复》（1928 年 11 月 29 日），《1928—1936 年北平行政区域边界勘划史料》（一），《北京档案史料》1999 年第 3 期，第 40 页。

② 《市政府给市公安局的训令》（1928 年 11 月 29 日），《1928—1936 年北平行政区域边界勘划史料》（一），《北京档案史料》1999 年第 3 期，第 41—44 页。

税重重，担负特重。村正副等对于居民既无法责成，对于郊县亦无法应付，故请将各村划为整村，归县归郊概不计及，总期以统一村制为要义。至此次呈件均由六村代表李瑞泉经办。等语。复邀集该代表李瑞泉、丁光惺、伶秀山、白子云等接洽，据称：各该村均有村正副承宛平县指导办理地方学警一切行政事务。唯各村南北界未能统一，事务进行遂多妨碍。兹拟将模式口、三家店二村北靠山坡，以山巅为界，田村以五孔桥、早河、山西北沿至平绥支路西行至田村北铁桥为界，其五里坨、高井村、马尾桥三村迤北，因有秀府等八村并无通行大道，难以为界。该八村属县属郊，俟划界委员会裁夺。余情与殷海阳等所称相同。查职署在模式口三家店等处均设置有派出所。数年以来，警察、行政无不极力进行。县署警察为数无多。对于道南事务从亦未分畛域无不竭力协助。今李瑞泉等欲以三家店等村道北各户脱离郊属，而五里坨北秀府八村则未有如何划分之点，仍属不能整齐。署长复偕同署员、分署员等亲往勘查，刺探各村人民心理，归郊归县，似无成见可言，减轻担负是其唯一希望。并闻李瑞泉等现复使人挨户嘱咐，俟划界委员来查，一律表示不愿归郊管辖。①

收到公安局的回复后，参事室于 1 月 10 日给出签注，查模式口等六村代表李瑞泉等请将该六村划归宛平县管辖一案，经公安局调查，"核与该代表等所陈大致相符。查该代表等所持重要理由，不外下列三点：一、村庄割裂则地方兴学、修道、自卫等项之财力分散，无法举办，将来村庄恐日渐衰落。二、六村北半街因归郊署管辖，征收房捐铺捐，而宛平县又随粮带征警捐，两层捐税，负担较重。三、村庄割裂，各因隶属之不同而行政遂各互异，于行政进行多所障碍"②。

据此，参事室给出了自己的意见。

---

①《市政府参事室给公安局复呈的签注》（1929 年 1 月 10 日），《北平市政府关于模式口等六村代表李瑞泉等请将该六村划归宛平县管理问题与北平政治分会、公安局、河北省政府等的来往文件》，北京市档案馆藏，档案编号：J001-007-00005。

②《市政府参事室给公安局复呈的签注》（1929 年 1 月 10 日），《北平市政府关于模式口等六村代表李瑞泉等请将该六村划归宛平县管理问题与北平政治分会、公安局、河北省政府等的来往文件》，北京市档案馆藏，档案编号：J001-007-00005。

　　该代表等所持理由不无见地。唯本市区域在未正式划分及派员勘验以前，似应根据旧案办理，未便多所更张，至召分歧。至该代表所陈各节，自属事实，似应予以补救，以慰其望。兹拟具办法于后。1.饬筹备自治办事处迅将该六村隶属本市之北半街与南半街实行脱离，组织街村公所，选举村正副办理一切地方事务。如因人口过少或财力困难，可联合各附近村庄，务使其成一独立村庄，于地方行政及经济均有进展之希望。2.令财政局转饬赋税稽征所，将接收宛平县关于赋税附捐种类，核与郊署征捐情形，切实调查，如有重复（警捐）或过重（附捐）之处，应即分别豁免，以减轻人民负担而示公允。3.令公安局转饬该管警署，时时召集该六村代表及住户，将本府因行政上之不得已、照旧案暂时划分及现在拟定补救该六村办法，剀切晓谕，务使人人明了本府意旨，不致稍有隔阂。一面督饬员警对于地方事务猛力进行，以副人民之望而安其心。4.行政因地域划分而互异，此为不可避免之事实。如省县界之毗连，各因长官主张之不同而行政自各互异。在河北有唐山镇分隶于滦县、丰润，在河南有周家口分隶于淮阳、商水、西华，并未因其管辖之不同而强令其合并，亦未见该镇因此而衰落，此即显著之事实也。以上所拟办法如蒙采纳，即请交科分别令饬，并批示该代表等知照。所拟是否有当，谨签请钧裁。①

　　对于参事室的建议，市长表示认可。1929年1月22日，北平市政府对李瑞泉等人的呈文做出批示，告知其市政府将派员调查处理。②同日，市政府就模式口等六村归属之事向市公安局、财政局与筹备自治办事处发出指令。令市公安局饬该管警署，时时召集该六村代表及住户，向其宣传市政府因行政

　　①《市政府参事室给公安局复呈的签注》（1929年1月10日），《北平市政府关于模式口等六村代表李瑞泉等请将该六村划归宛平县管理问题与北平政治分会、公安局、河北省政府等的来往文件》，北京市档案馆藏，档案编号：J001-007-00005。
　　②《市政府给模式口等六村代表李瑞泉等呈的批示》（1929年1月22日），《北平市政府关于模式口等六村代表李瑞泉等请将该六村划归宛平县管理问题与北平政治分会、公安局、河北省政府等的来往文件》，北京市档案馆藏，档案编号：J001-007-00005。

上之不得已、照旧案暂时划分及拟定补救该六村的办法。①对于财政局，令其转饬赋税稽征所，会同该管区署，切实查明捐税情况，如有重复或过重捐税，准予呈明豁免，以期减轻人民负担而示公允。②市府给筹备自治办事处训令，"令其会同公安局详细勘查，将模式口等六村隶属本市之北半街与南半街实行脱离，组织街村公所，选举村正副，以便办理一切地方事务"③。

1929 年 1 月 24 日市政府呈文中央政治会议北平临时分会，认为：

> 查模式口等六村代表李瑞泉等请将模式口等六村划归宛平县管辖一案，前奉令知注意。等因。遵即令行公安局按照原呈调查呈复在案。兹奉第 145 号钧函开：兹据该六村公民等来会请愿，并送到呈文一件，事同前情。当经本会第 34 四次常会提出报告，议决：交河北省政府及北平市政府会商，从速解决，以苏民困。等因。除分饬外，合亟抄发原呈，仰该市政府查照办理。等因。奉此，同时据该公民等到府请愿，并呈同前情。复据公安局查复该六村行政、沿革、户口数目、民意实情到府，详加查核，该六村分属郊区及宛平县，自清季迄今，已历多年，是系依各该村道路线分划、形式较整，且马尾桥查无南村，实只三家店、五里坨、高井、模式口、田村等五村，系南北分属，此次该代表所持理由，要因村庄割裂之结果，致发生村政衰落，负担较重，行政歧异，三种困难，亦属持之有故，言之成理，惟本市管辖区域，现系暂定区域，将来正式区域划定之后，各该村应如何并入市区或省区，必须经过勘查，详晰手续，非短期间所能决定。故在区域未经勘定以前，先应解除所陈困难各点，当经令行本市筹备自治办事处及公安、财政两局先将村政

---

① 《北平特别市市政府给市公安局的指令》（1929 年 1 月 22 日），《北平市政府关于模式口等六村代表李瑞泉等请将该六村划归宛平县管理问题与北平政治分会、公安局、河北省政府等的来往文件》，北京市档案馆藏，档案编号：J001-007-00005。

② 《市政府给市财政局的指令》（1929 年 1 月 22 日），《北平市政府关于模式口等六村代表李瑞泉等请将该六村划归宛平县管理问题与北平政治分会、公安局、河北省政府等的来往文件》，北京市档案馆藏，档案编号：J001-007-00005。

③ 《市政府给市筹备自治办事处的训令》（1929 年 1 月 22 日），《北平市政府关于模式口等六村代表李瑞泉等请将该六村划归宛平县管理问题与北平政治分会、公安局、河北省政府等的来往文件》，北京市档案馆藏，档案编号：J001-007-00005。

提前整理，并将重复或过重捐税分别减免，一面批示各该代表等知
照，庶于顺从舆情之中借免目前之纷更，除函达河北省政府查照，理
合抄录公安局查复原呈暨户口表，并令稿呈报鉴核。①

与此同时，北平特别市政府也将此文转呈河北省政府。北平特
别市筹备自治办事处经与市公安局商议，决定于 2 月 25 日会同前
往模式口等六村调查并勘察界务。②办事处人员 2 月 25 日赴模式口
等村调查，并约定各该村村正副及请愿代表、各界绅民在模式口承
恩寺讨论。但到者寥寥数人，且对自治均不甚了解。到者主张不论
归市归县均可，不愿分治。③26 日，调查人员会见田村代表李长山
等。据称，不愿将市界归县属。此次六村请愿事前伊等并未闻知。此
外各村均无人到场。3 月 3 日又至五里坨，该村正王肇瑞历述地方
情形。4 日至三家店会见村中办事人扬易垲等，其村正副均未到。扬
称将来地界完全归市归县，钧便利良多。主要是房捐，民力不堪担
负。调查人员又至高井村，该村村正副亦不见面。

1929 年 4 月 10 日筹备自治办事处致市政府呈文，给出如下调查结果。

筹备自治办事处 2 月 25 日赴模式口等村详查，并约定各该村村
正副及请愿代表、各界绅民在模式口承恩寺会见讨论一切，而到者
寥寥数人，对于自治均不甚了解。大意则不论归市归县均可，不愿
分治。26 日，调查人员会见田村代表李长山等。据称，不愿将市界
归县属。此次六村请愿事前伊等并未闻知，等语。此外各村均无人
到场。职等自抵该处一面将本处布告标语张贴各村，一面详查地势、

①《市政府致中央政治会议北平临时分会呈》（1929 年 1 月 24 日），《北平市
政府关于模式口等六村代表李瑞泉等请将该六村划归宛平县管理问题与北平政治分
会、公安局、河北省政府等的来往文件》，北京市档案馆藏，档案编号：J001-007-
00005。

②《呈报会同公安局派员前往模式口等村勘察界务出发日期》（1929 年 2 月 23
日），《北平市政府关于模式口等六村代表李瑞泉等请将该六村划归宛平县管理问题
与北平政治分会、公安局、河北省政府等的来往文件》，北京市档案馆藏，档案编号：
J001-007-00005。

③《呈为呈复派员调查模式口等六村界务及筹备自治各情形》（1929 年 4 月 10
日），《北平市政府关于模式口等六村代表李瑞泉等请将该六村划归宛平县管理问题
与北平政治分会、公安局、河北省政府等的来往文件》，北京市档案馆藏，档案编号：
J001-007-00005。

民情并依据警察局户籍册，查其户数、口数及各村距离，预备编合村制。以模式口居中且为各村往来要道，在彼调查各种情形较为便利。访闻模式口村正仲佳芳、村副薛瑞及居民李瑞泉在各村中颇有一种潜势力，各村村民向唯村正马首是瞻，而各村正副等又皆以仲桂芳步趋是向，不得不与其取一致行动，是以此次由李瑞泉等出头请愿。职等自到彼处数日，仲桂芳等则皆避不见面。3月3日又至五里坨，该村正王肇瑞历述地方情形，与职等调查各节尚属相符。次日至三家店会见该村中办事人扬易恺等，其村正副均未到。据称因区域未能统一种种困难，将来地界完全归市归县，钧便利良多。惟对于房捐一节，极谓民力不堪担负，等语。又至高井村，该村村正副亦不见面。后至马尾桥，该村因户口无多，向随高井村办事，无人员负责。至各村界址，经职等实地勘查，系以天然大道为准，现在北为市界，南属省辖，其划界之初，系自明始，清仍明旧，彼时居民甚少。嗣因该地富有煤矿，人民渐事采掘，日见发展，居民逐渐加多，各该处遂成大村落，并非划界时即此情状也。所以各村民咸以煤为业，只知惟（唯）利是图，以作工为第一要务。因若辈藉煤业致富，而且多故视其他事业咸不及此，若辈在各本村皆具有相当势力，其一举足关系地方轻重非浅，若以固有天然界限为街，故亦言之成理，单依据形势及行政统一，似宜将道南之街划归市区，成一整个村落，较为便利，即于国家、政务亦收效良多，况南北半街皆为国家土地，归市归县均无不可。唯本市与省界累连地方不仅此六村，恐将来援例而起，愈启纠纷，仍应遵中央本市暂辖区域管理，候将来省市正式划界时，自有正当解决。不过该村等人民程度不一，此次请愿多系盲从，若令克日筹办自治，成立村制实不免种种猜疑。拟一面从事宣传，一面从旁处入手，推行至该六村，彼时反对者或少所藉（借）口，田村距城厢较近，将来拟即由该村入手筹备自治或不致甚难。至马尾桥、高井村居民，既少且多居市界，唯田产则属县界。该村处于大村之间，不过听命而已。风闻此次请愿，有每人发给路费若干及饬县境沿道北住户嘱以遇有调查人员须一律愿归县界等语。此中情形已可概见矣。所有职等奉派查勘界务并筹备自治情形，谨将见闻合词具陈呈请鉴核。等情前来。查该员等呈复各节尚属实情，在省市两界未经划清之前，筹备自治恐起纠纷，拟先由距城较近之田村人手筹备，以期逐渐推移而免操之过急，系为慎重起见，似尚可行。除由职处随时派员前往宣传，并相机筹办外，所有奉令会同公安局派员调查模式口等六村界务及进行各该村等自治事宜各情形理合具文呈复钧府鉴核。①

1929 年 4 月 12 日，对于筹备自治办事处的呈文，市政府给以指令，"该六村自治关系村政綦重，仍应由该处相机劝导进行，总期早日实现"。②

模式口等六村的归属问题长期得不到解决，1930 年 12 月 19 日，宛平县长张允翰致河北省政府呈文，也建议将六村划归宛平。兹侈录呈文全文如下。

案据职县第一区模式口、田村、高井、马尾桥、五里坨、三家店等六村代表李瑞泉、王喆臣、薛厚田、殷海杨（阳）、白子云、蔡厚庵、马晓山、李子茂、李博轩、张绍亭、佟秀山等呈称：为声请查案转呈事。窃第一区模式口等六村因整个村庄横遭割裂，村治难以进行，村民极感痛苦，虽明冲裂而实一切行政均仍归县治，遂于去岁一月间，村民团结会议公推李瑞泉、王喆臣等为代表，先后具呈北平政治分会、河北省政府、北平特别市政府并民众百余名来平分赴各主管机关请愿，将割裂之六半村以明令划归宛平县统辖，以一事权而解痛苦。乃经政治分会批交河北省政府、北平市政府会商，从速解决。以苏民困。嗣省政府批：业已咨北平特别市府速予归还该六半村，经市府复咨，云：所有该六村捐税准予豁免，统归县征，村界问题仰候再行解决可也。代表等复电呈中央政治会议、行政院内政部迅令解决。蒙内政部批，仍交省市两政府从速解决具复。各等因。奉此在案。但省府迭次函催特别市府并由商前主席亲临模式口等村查勘，而因特别市府与省府乃同一机关，总延迟不予速办。现

①《呈为呈复派员调查模式口等六村界务及筹备自治各情形》（1929 年 4 月 10 日），《北平市政府关于模式口等六村代表李瑞泉等请将该六村划归宛平县管理问题与北平政治分会、公安局、河北省政府等的来往文件》，北京市档案馆，J001-007-00005。
②《该六村自治关系村政綦重仍应由该处相机劝导进行总期早日实现仰即遵办由》（1929 年 4 月 12 日），《北平市政府关于模式口等六村代表李瑞泉等请将该六村划归宛平县管理问题与北平政治分会、公安局、河北省政府等的来往文件》，北京市档案馆藏，档案编号：J001-007-00005。

政局变更，特别市改易普通市，与县同属于河北省，又何不可划归县辖而权事一，且释人民痛苦，惟（唯）有恳乞我县长查案，切实转呈河北省政府迅予明令划归，实为公便。等情。据此，查此案前据该代表等绘具村图，呈请到县，业经职县王前任树棠据情呈奉钧府第八三五号指令内开：呈悉。查此案已交省市划界委员并案办理，仰即转饬知照。此令。等因。当经转知该代表等知照各在案。兹据前情，除批示分呈民政厅查核外，理合据情呈请钧府鉴核，俯准转知北平市政府将职县第一区模式口、田村、高井、马尾桥、五里坨、三家店等村六半街仍划归职县管辖，以一事权而从民意，实为公便。①

宛平县长将模式口的六村居民"现政局变更，特别市改易普通市，与县同属于河北省，又何不可划归县辖而权事一，且释人民痛苦"的主张转呈河北省政府，并请求省政府转知北平市政府，将六村划归县辖，以一事权而从民意。②

对于六村村民的屡次呈文反对，市政府不得不做出让步。1931 年 4 月 21 日，北平市政府咨文河北省政府，决定维持现状。然而，取重要进展的六村居民继续呈文，阻止市政府的扩界计划。市政府被迫筹划将六村完整划归宛平县。③

北平市政府通过与市公安局、工务局商议，认为将六村改隶宛平于防务并无重大影响，但对路政路捐颇有窒碍。于是，市府于该年 9 月 3 日令工务局予以调查。④10 月 8 日，工务局给出调查结果，并建议在尊重省府意见并兼顾该市交通实际需要的基础上，"拟请将田村逸西至三家店一段省市界址

---

① 《1928—1936 年北平行政区域边界勘划史料》（完），《北京档案史料》1999 年第 4 期，第 2—4 页。

② 《宛平县长张允翰致河北省政府呈文》（1930 年 12 月 19 日），《北平市政府河北省政府关于模式口等六村划归宛平县管辖问题的有关训令、公函等》，北京市档案馆藏，档案编号：J001-007-00024。

③ 《六半村统归宛平，即日可望解决》，《全民报》1931 年 6 月 30 日第 3 版。

④ 《北平市政府训令》（1931 年 9 月 3 日），《北平市政府河北省政府关于模式口等六村划归宛平县管辖问题的有关训令、公函等》，北京市档案馆藏，档案编号：J001-007-00024。

另行划定，所有模式口、马尾桥、高井、五里坨、三家店等六半村及经过路线完全划归省辖，其由田村至小黄村一段则改在公路南面分界，所有田村、小黄村及经过廖公庄并全段路线均由省府完全移归本市管理，庶可界限分明，不相混淆"①。

对于工务局的建议，10 月 18 日市政府将之转批市公安局，令其调查于该市防务有无窒碍。1932 年 3 月 19 日，市公安局呈复调查结果，认为"查依照省方主张及工务局所拟办法，除田村划归省辖尚无窒碍外，其模式口等五半村划出，所余石府等村既与区署段所隔断，联络不相呼应，且无天然界址，核与防务实有窒碍，至田村等村划入市区，又须增设所段，添置员警丁"②。公安局对工务局提出的建议表示反对。参事室建议将该事提交市政会议讨论。3月 30 日经第 155 次市政会议讨论，决定继续由参事吴承湜及公安、公务两局进行调查，拟具方案再行决定。③

1932 年 11 月 21 日，市政府召集谈话会，决定"关于省市划界办法，拟将温泉汽车路及田村南半村、小黄村、十方院、廖公庄等村划归本市，其模石口等南半村及山内石府等十三村，并道路划归省有，由工务局绘图列说呈府提出市政会议决定后，再行咨商省府"④。

至此，模式口六村的归属问题似乎已有定论。然而，随着市长易人，新

---

① 《工务局致市政府呈文》（1931 年 10 月 8 日），《北平市政府河北省政府关于模式口等六村划归宛平县管辖问题的有关训令、公函等》，北京市档案馆藏，档案编号：J001-007-00024。

② 《公安局致市政府呈文》（1932 年 3 月 19 日），《北平市政府河北省政府关于模式口等六村划归宛平县管辖问题的有关训令、公函等》，北京市档案馆藏，档案编号：J001-007-00024。

③ 《市政府第二科致参事室关于市政会议决议案通知》（1932 年 4 月 1 日），《北平市政府河北省政府关于模式口等六村划归宛平县管辖问题的有关训令、公函等》，北京市档案馆藏，档案编号：J001-007-00024。

④ 《市政府第一科编纂股致土地股关于市政会议决议案通知》（1932 年 11 月 22 日），《北平市政府河北省政府关于模式口等六村划归宛平县管辖问题的有关训令、公函等》，北京市档案馆藏，档案编号：J001-007-00024。

上任的市长袁良①提出新的北平划界方案，包括模式口等六村的勘界问题重新被讨论。1933年，袁良就任北平市长，根据内政部颁布的《省市县勘界条例》，制定《北平市根本界址计划》，计划北平市界东、南、西三面以大兴、宛平两县旧有县界为界，北界展至昌平之大小汤山，东北至孙河，西北达温泉村。将水源地、能源地、铁路枢纽等外围重要地区划入市域，便于北平长期发展，突出北平的整体地域优势，从而协调市区与周边区域的发展关系。但该方案遭到市参议会的反对。参议会认为北平的区域变化事关重大，划入北平的村镇会给北平的发展带来新的负担。加之当时的河北省考虑到自身的利益，而军方又认为像南苑这样的军事重地不宜划入市区，因此，北平的划界再次陷入困局。②其后，华北局势的日益危急，北平的勘界工作便一再被搁置。到日军侵占北平之前，划界问题一直没有解决。

## 小　结

对于 1937 年之前北平市政府的扩界工作，正如伪市政府总结的那样，"十七年提案所拟划入市内地方为孙河、丰台、芦沟桥、门头沟、南苑、黄村、大小汤山等处；一为廿二年提案所拟划入市内地方东南西大兴、宛平

① 袁良（1882—1952），浙江杭县人，字文钦。早年留学日本。归国后曾任昌图警察总办兼交涉员。后为沈阳交涉署秘书长。1916 年至 1922 年任北洋政府国务院参议。1924 年被派为全国水利局总裁，并一度署理中央农业试验场场长。1929 年为外交部第二司司长。1929 年 10 月任上海市公安局局长。1933 年 6 月至 1935 年 11 月间担任北平市市长。袁良力主借鉴欧美各国最先进的城市规划与市政建设经验，锐意革新，力图整顿，颁布了《北平市游览区建设计划》《北平市沟渠建设计划》《北平市河道整理计划》等城市建设计划。为保障上述规划实施，市府发行公债，改善财政税收状况，开北平大规模城市现代化建设之先河。

② 王亚男：《1900—1949 年北京的城市规划与建设研究》，南京：东南大学出版社，2008 年。

两县全部为界，北以大小汤山以北为界，即昌平县之一部也。旋以范围广袤，意见纷歧（分歧），迭次会商迄未解决"①。北平市与河北省的划界工作直至 1937 年北平沦陷前仍未完成，以至于日军侵占北平期间，划界计划再起。伪市政府 1937 年 12 月 28 制定的《省市划界办法》中，仍建议将黄村、田村、三家店等地划入市区，以示整齐而便管理。②为使北京特别市行政区域与都市计划大纲内的区域相一致，在日本特务机关的支持下制订的《北京市市域扩张意见》因其战事与多方反对也未能真正实行。抗日战争胜利后，1946 年 2 月，北平市政府再次拟定《北平新市界草案》，寻求扩界。而该方案再次被河北省政府以"仍按现界，无庸另划"为结论予以否定。③直至中华人民共和国成立，在人民政府的大力推动下几经调整，北京市界才得以划定，1958 年，现在北京市的规模格局基本形成。

从北京的辖区来看，自清代雍正、乾隆时期形成的城属范围，到民国初年京师警察厅管辖的警区，再至 1928 年北平特别市设市后所实际控制的市辖区，其管辖范围基本上是被延续下来，近三百年未有明显变动。随着北平城市的发展，越来越多与北平市政密切相关的机构被设置于辖区之外，加之新型市政与市制理论的引入，北平市政当局数次动议扩大市界，却终因多方反对而未能实施。

民国时期北平扩界的根本困境，是近代城乡分治后市县互为独立政区，"切块设市"所划定的市既无法控制与市政密切相关的边缘地区，又丧失广阔的发展空间与腹地造成的。同样，作为市的邻县，"切块设市"过程中剩余的附郭县也面临生存问题。城市的扩界方案对于附郭县而言，不啻在使其精华尽失的基础上进一步剥夺附郭县的土地与人口。在"地方自治"与地方精英"地域认同"的鼓噪下，附郭邻县必然对市政府的扩界计划全力反击。加之

①《参事室拟订省市划界办法》（1937 年 12 月 28 日），《北京特别市公署关于本市区域划界办法的公函咨文》，北京市档案馆藏，档案编号：J001-007-00058。
②《参事室拟订省市划界办法》（1937 年 12 月 28 日），《北京特别市公署关于本市区域划界办法的公函咨文》，北京市档案馆藏，档案编号：J001-007-00058。
③《函为关于北平河北省市划界由》（1937 年 1 月 15 日），《内政部关于北平河北省市划界的公函及北平市政府的训令》，北京市档案馆藏，档案编号：J001-007-00494。

北平的扩界计划涉及市省划界、市县划界、市村划界，层次的多样性使得问题进一步复杂化。此外，在北平勘界与多方围堵的过程中，局势不宁、市长易人与特别市降等也对北平勘界的进程产生负面影响。中原大战以及东北军入关，各派势力此起彼伏，北平先后为不同的势力所控制，市政当局的行政颇受影响。1928—1932 年间先后有何其巩（任职 1928 年 6 月 26 日—1929 年 6 月 12 日）、张荫梧（任职 1929 年 6 月 12 日—1931 年 2 月 17 日）、周大文①（任职 1931 年 2 月 27 日—1933 年 6 月 16 日）担任市长，其间更有代理（或护理）市长多人。市长的频繁易人一方面使得 1928 年形成的扩界方案难以得到有效推行，面对模式口等六村村民的反对，市政当局更是步步退缩。加之 1930 年北平特别市被降为河北省省辖市，后虽复升为院辖市，直隶于行政院，但其政治地位与影响力已颇受打击。②

　　总之，20 世纪二三十年代设"市"的城市，大多经过"切块设市"而来，因此在日后发展中不免与旧附郭县产生划界或扩界纠纷。对于北平市而言，国民政府迁往南京之后，市政当局也希望能够划入土地，尤其是与市区发展关系密切的乡镇，借以增强城市实力，补救因首都南迁所导致的城市衰落。但由于"城乡分治"的"后遗症"与附郭县的激烈反对，加之政局不宁、市长易人等原因，最终使得 1928 年的扩界计划被搁置。

---

① 周大文（1895—1971），字华章，江苏无锡人，民国初年政治家，曾任北平特别市、北平市市长，后来成为专业厨师、美食家、京剧票友。

② 对于 1930 年北平隶属变动情况，目前学界看法不一，最新观点认为在名义与实际上的隶属关系存在错位的情况。参见潘鸣：《1930 年北平市隶属变动考》，《民国档案》2011 年第 4 期，第 133-137、141 页。

# 第〈六〉章

## 城市地域生成的个案（二）：
## 20 世纪三四十年代
## 成都市县划界与成都市域的拓展

:
:
:
:
:
:
:
:

近代以来，中国城乡关系从"城乡合一"发展为"城乡分治"，城市作为一个独立的政治实体而存在。正因"城乡分治"，成都市成为一个单独个体，而随着城市人口的增多与市政的发展，城市实体地域突破其行政地域，成都市要求扩展市界，而对成都县和华阳县来说则利益攸关，不肯相让，为 20 世纪三四十年代市县划界纠纷埋下伏笔。

我国城市史研究 20 世纪 80 年代以来日渐繁荣。对于成都乃至整个西南地区的城市史研究，学术界目前存在两种研究进路。第一种主要探讨城市的兴建史、变迁史，以"结构—功能主义"的视角探讨近代城市管理、市政建设、城市景观、城市现代化等。在此研究进路之下，隗瀛涛从时代背景出发分析了政治要素、资本主义的产生和发展等状况对四川社会各方面近代化进程的影响。[①]何一民以城市系统的各方面作为切入点，研究了内陆城市成都从传统城市向现代城市演变的历程。[②]司昆仑的《新政之后——警察、军阀与文明进程中的成都（1895—1937）》一书则主要围绕清末时期成都的新政改革与 20世纪 20 年代杨森所主持的市政改革展开，并对二者进行深入的比较。[③]第二种研究进路则以城市为背景，在新社会史的解释框架下，着眼于近代中国的"公共领域""市民社会"等问题。王笛的《街头文化：成都公共空间、下层民众与地方政治，1870—1930》《茶馆——成都的公共生活和微观世界，1900—

---

① 参见隗瀛涛：《四川近代史稿》，成都：四川人民出版社，1990 年。

② 参见何一民：《变革与发展——中国内陆城市成都现代化研究》，成都：四川大学出版社，2002 年。

③ 参见司昆仑（Kristin Stapleton）：《新政之后——警察、军阀与文明进程中的成都（1895—1937）》，王莹译，成都：四川文艺出版社，2019 年。

1950》等专著从微观的角度，研究成都的公共空间与市民生活，成为第二种研究进路的代表。①

以上对成都乃至整个西南地区城市的研究，从宏观与微观皆为笔者的研究奠定了基础，也为笔者提供了诸多方法论的借鉴。但长期以来，两类城市史学者的研究进路大多将关注点置于宏观城市或城市内部，分析其市政建设、工业发展、公共空间、底层社会，较少关注市县的界限。历史地理学者以及政治制度学者虽关注市县政区变动与政区制度变革，却往往忽略对政区变动的动因及影响的探讨。②城市边界的调整，既是制度问题，也关乎观念变迁。只有深入分析市县划界的动因及影响，方能从真正意义上把握"城乡分治"背景下城市的发展和城市地域的形成。有鉴于此，本章在吸收前人研究成果的基础上，以成都市、成都县、华阳县三县市的划界为个案，详细梳理民国时期三县市之间因划界问题所产生的纠纷及其根源，以及近代中国城市行政空间形成问题。

## 第一节　民初成都市政的萌芽与行政地域的形成

现在意义上的成都市，建在清末成都城的基础之上。传统时代城墙对于城市的地域形成具有界定与约束的功能。清成都城墙"周长四千一百二十二丈六尺，计二十二里八分，垛口八千一百二十二，砖高八十一层，压脚石条

---

① 参见王笛：《街头文化：成都公共空间、下层民众与地方政治，1870—1930》，李德英、谢继华、邓丽译，北京：中国人民大学出版社，2006年。王笛：《茶馆——成都的公共生活和微观世界，1900—1950》，北京：社会科学文献出版社，2010年。

② 参见徐建平：《民国时期南京特别市行政区域划界研究》，《中国历史地理论丛》2013年第28卷第2期，第56—70页。朱彦同：《民国时期江宁与南京行政区划纷争研究（1927—1935）》，南京师范大学硕士学位论文，2014年。

三层，大堆房十二，小堆房二十八，八角楼四，炮楼四，四门城楼顶高五
丈"①。清末成都城分为三部分，即成都县、华阳县和满城②。成都县、华阳
县两县为附郭县，两县县治与成都府治同在成都城内。关于成、华两县的辖
区，系东南门为华阳县属，西北门为成都县属，并在城内分界。两县在城内
分界线为：成都县南自少城小南街、君平街、陕西街、贡院街、状元街、西
丁字街，与华阳交界。东南自青石桥街直上南暑袜街、喇嘛寺止。以街心分界，西
偏为成都县，东偏为华阳县。城外分界线为：成都县西自金水河直下望仙桥
交华阳界，西南至温江县界 20 里，西至郫县县界 30 里，西北在新繁县界 40 里，北
至新都县界 30 里。华阳县东由大面铺至简阳县界 40 里，南至簇桥交双流县
界 20 里，又南至莲花坝 85 里交彭山县界，东南至简阳县界 40 里，又东南至
秦皇寺 70 里交仁寿县界，西南至双流县界 25 里。③满城紧挨大城，在大城之
西，又称少城，"周长四里五分，计八十一丈七尺三村，高一丈三尺八寸。门
五：大东门、小东门、北门、南大门、西门。城楼四，共十二间。每旗官街
一条，披甲兵丁胡同三条，八旗街共八条，兵丁胡同共三十三条"④。清代成
都城规模较小，据 1909 年成都警察局调查，成都城市共有街 436 条，巷 113
条。⑤清代末年的成都工商业繁荣、文化昌盛，为民国时期成都设市与市政的
发展创造了良好的条件。

近代行政意义上的市源于地方自治，并以"城乡分治"为载体。黄东兰
曾经整理了近代中国自治的三种含义，分别是"个人自治""省级独立""地
方自治"⑥。清末立宪推动了地方自治与市建制的产生。成都的"城乡分治"
发端于成华城会，形成于市政公所的成立。1909 年，清政府颁布《城镇乡地
方自治章程》，规定"凡府厅州县治城厢地方为城，其余市镇村庄屯集等各
地方，人口满五万以上者为镇。人口不满五万者为乡"，并要求对城镇乡的

① 同治十二年《成都县志》卷二。
② 1913 年拆除，并入成都城。
③ 参见曾鉴、林思进等：《民国华阳县志》（上），成都：成都时代出版社，2007 年，
第 18 页。
④ 同治十二年《成都县志》卷二。
⑤《四川官报》1910 年。
⑥ 参见黄東蘭：『近代中国の地方自治と明治日本』，東京：汲古書院，2005 年，
第 102-132 頁。

区域境界也进行划定，第一次以法律的形式，将城镇区域与乡村区域区别开来，城乡分属不同的行政体系，城镇设立城镇议事会和城镇董事会，负责城镇的地方自治事务。①

对于《城镇乡地方自治章程》的颁布，成都士绅反应较为积极，认为"设城镇乡会以议政，设董事会以行政，上补官吏之不逮，下勖人民以有为，法至善也"②，甚至将地方自治拔高到"今日立国非立宪无以图存，非自治无以立宪"③的高度。1910 年，成都筹办城镇地方自治开始出现高潮，"地方人士聚谋公益，赞成政治之修明，增进闾阎之幸福，甚盛事也"。士绅开始组建成都城区自治筹备处，并进而成立成华城议事会与成华城董事会。议事会为议政机关，掌握城镇自治事务决议之权；董事会为执行机关，具体负责城镇自治事务的执行工作。④依照章程，成华城议事会和董事会虽掌该地之学务、卫生、道路工程、农公商务、善举、公共营业⑤，然而二者均为公共组织，成都城区仍在成、华两县的治理之下，两县将成都城区公共事业之兴办权让渡予成华城议事会和董事会。但是，成华城会仅负责城内公共事务并对其进行统一管理，城市自治已现端倪。成华城会所管理的成都环城城壕之内的地域成为推行成都市政最基础的空间。

辛亥革命之后，北京政府依然沿袭清末《城镇乡地方自治章程》，规定城镇设立城议事会和城董事会，但各地情况不一，区别较大。1911 年 11 月，江苏省临时省议会议决通过并实施《江苏暂行市乡制》，在我国历史上第一次提出了市制的概念。而在 1914 年袁世凯停办地方自治以后，江苏等省的市制也停止施行。

1916 年护国战争后，四川军阀混战，并形成防区制。作为省内政治、经济和文化中心的成都，更成为各方军阀争夺的焦点。这一时期的成都，城区

---

① 参见《城镇乡地方自治章程》（光绪三十四年十二月二十七日颁布）。转引自徐秀丽：《中国近代乡村自治法规选编》，北京：中华书局，2004 年，第 3 页。

② 叶治钧：《论国民对于国会之预备》，《蜀报》1910 年第 7 期。

③《四川官报》1910 年第 3 册，公牍。

④ 参见《成华城议事会办事规则》，《蜀报》1910 年第 1 期，专件。

⑤ 参见《城镇乡地方自治章程》。转引自徐秀丽：《中国近代乡村自治法规选编》，北京：中华书局，2004 年，第 4 页。

部分仍由成都与华阳两县共治，其中，有关公共事宜则仍由成华城会负责处理。然而，在军阀时代，两县行政职权颇遭侵蚀，议事会与董事会之各项公共事业，更难推进。1920年，四川掀起自治运动，四川省议会宣布四川省自治，并筹建省宪政会议筹备处。1921年，鉴于自治运动的发展与"省外通都大邑，竞行举办市政"，四川省省会警察厅与成华城议事会联合呈文四川各军联合办事处，建议筹办市政。1921年6月5日成都市政筹备处成立。成都市卫戍总司令刘成勋委任省会警察厅厅长王暨英为处长，成华城董事会总董苏北奎为副处长。①1922年3月9日，成都市政筹备处更名为成都市政公所，并制定《市政公所组织大纲》，开始以"市"相称，成都市始具雏形。川军总司令兼四川省省长刘湘委任成都卫戍总司令刘成勋兼任成都市政公所督办，王暨英任坐办，苏兆奎任会办。依据法令，两县不再管辖城区，城区除治安由警察厅负责外，其余皆由市政公所管理。自此开始，直至抗日战争期间成、华两县县治迁往城外之前，二县县治虽处城内，法定仅能管辖城外的区域，成为近代"城乡合一"到"城乡分治"转型过程中的一段特殊时期。

1923年1月10日，四川省宪法起草委员会拟定自治宪章，规定"县以内工商荟萃之地人口满1万以上者为市，市之人口满30万以上者为特别市，直接受省之监督"。成都为省会，人口亦超30万，故享有特别市待遇，市政公所按规定直接接受省政府监督。按初步划分，成都市市政公所的管辖范围为成都市全部区域，暂以省会警察区范围为准。同时拟定了《署区街正会议暂行条例》，市府之下设五个区，即东、南、西、北、外东区。东区辖东大镇、骆公镇、诸葛镇、长胜镇、厌云镇和春熙镇六镇，南区辖安乐镇、南大镇、明远镇、光大镇、君平镇、光华镇和万里镇七镇，西区辖西大镇、仁厚镇、少城镇、实业镇、黄蒲镇、平安镇、江源镇、市中镇、万福镇和五岳镇七镇，北区辖北大镇、莹华镇、天府镇、太平镇、中市镇、万福镇和五岳镇七镇，外东区辖水津镇、得胜镇、紫东镇和大安镇四镇。全市共三十二镇，镇以下设保，保以下设甲。②自治宪章虽规定成都可以享受特别市待遇，但成都仍在市

---

① 参见杨吉甫等：《成都市市政年鉴》，成都：成都时代出版社，2007年，第34页。
② 参见杨吉甫等：《成都市市政年鉴》，成都：成都时代出版社，2007年，第35页。

政公所的管辖之下，并未真正设市。成都市政公所将管辖范围暂定为警察区，与成华城议事会时期以环城城壕为界相比，辖区增加了城厢地区。

## 第二节　成都市的成立与早期的扩界诉求

行政权力的行使与权利的享有需要其对应的"场域"，即政区，而划界之本质实为调整"权力的空间配置"。成都、华阳两县争执数十年的划界纠纷，主要出现在成都"切块设市"后，地域范围仅为环城城壕以内及城壕附近一小片区域，然而随着城市的发展，城市规模扩大，原有城区不能满足成都市的发展。如此，成都市产生从两县划拨土地的动议，以致产生市县划界冲突。

20 世纪上半叶，四川长期处于军阀混战的状态。20 年代末，刘文辉的二十四军、邓锡侯的二十八军、田颂尧的二十九军共同控制成都，并成立三军联合办事处。三军联合办事处时期，三方对成都城做了权力分配。邓锡侯接管成都市政公所，并派所属第十一混成旅旅长罗泽州为成都市市政督办[1]，同时控制华阳县。田颂尧接管成都县公署，并将成都县划入田军防区，派所部曾宪栋驻防，以该旅师长李景骅为成都县知事。刘文辉则独占成都兵工厂。[2]这一势力范围的划分对早期成都市县划界纠纷产生了较大的影响。

1927 年 11 月重庆由商埠改市后，二十八军军长邓锡侯向四川省政府呈文，请于成都设市。未及省府审批，南京国民政府已决定在全国正式推行市制。国民政府市制颁布以前，"国民政府区域内，如上海、南京、广州、杭州等商埠地方，均经先后改市，成绩斐然"[3]。1928 年 7 月，南京国民政府

---

① 原任督办系杨森第十六师师长王缵绪兼任，杨森败退后投向刘湘。
② 参见四川省文史研究馆：《民国四川军阀实录》（第二辑），成都：四川人民出版社，2011 年，第 221-238 页。
③ 《成都商埠月刊》1927 年第 9 期。

公布了《特别市组织法》和《市组织法》，正式将市作为一级行政区划，同时在法律上又保留地方自治的性质。于是在1928年9月，邓锡侯将成都市政公所改组为成都市政府，并委任属下师长黄隐为市长，并拟定成都市政府组织章程。据内政部的规定，市的人口必须在30万人以上才能成立政府，成都市人口总数，据1926年度调查统计已达31万余人，符合设市规定。所以四川省府转咨内政部查核后即得内政部复咨同意，市长黄隐亦由国民政府正式任命。此时，成都市管辖范围以环城城壕为界，但由于各城门道路、街市相继扩展，市区界线并不明晰。

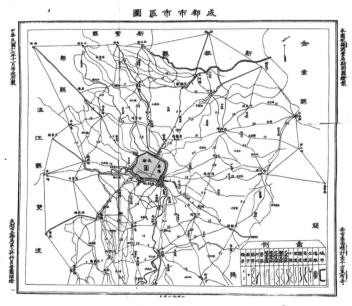

图6-1 成都市市区图（1928年11月）①

成都市正式成立之后，确定行政区划界线成为当务之急。黄隐就任之初，即在其《为整理成都市市政告市民书》中将划分市行政范围列为迫切需要解决的问题之一，认为"范围若不划清，权责便不统一，一切设施更不免受他方之牵掣。所以现在唯一的先决问题是要划分省与市、市与县的一切权限。以后凡在市区内的教育、财政、公安、工务、土地和其他关于社会事项，只要含有市的性质的，都应该划入市范围内，分别由市政府各局处负责管理和推

---

① 童国煊：《成都市市区图》，《成都市市政公报》1928年第1期，第6页。

进"①。但是当时南京国民政府对如何确定新成立的各市之区划界线，尚无明文规定。在这种情况下，成都市成立之初，仍只能以原市政公所管辖范围为市区范围，即以省会警察局管辖范围为准。

1930年，国民政府修订颁布了新的《市组织法》。根据新的市组织法，成都市为省辖市，直属四川省政府。1930年5月31日，国民政府内政部颁布《省市县勘界条例》，强调新设之省、市、县行政区域，除有明文规定外，需遵照"土地之天然形势、行政管理之便利、工商业状况、户口与人数、交通状况、建设计划"等原则进行勘议界线。对于成都市这类省辖市，"其行政区如须新定界线时，应由民政厅委派专员会同关系各市县政府，实地履勘后再议定界线连同图说，呈请省政府核定咨由内政部核呈行政院备案"②。1931年，市长黄隐呈请省政府确定成都市管辖范围时，仍以警察局管辖区域为市界，并着手勘测，绘制地图。这一时期市的管辖范围，除环城城壕范围内的城区之外，城门外关厢地区也在市管辖范围之内，东门至牛市口车站，南门至浆洗街、衣冠庙，老西门至花牌坊，新西门至青羊场，北门至簸箕街、梁家巷等城门向外延伸街区。1931年黄隐所勘市界成为成都市行政范围的基础，以后历次划界方案均是在此基础上寻求扩大。

尽管成都管辖范围包括城门外关厢地区，总面积有两万五千余亩，但是市政府仍觉得面积太小。1931年12月，新任市长陈鼎勋上任后，再次以城市发展需要、省会警察区范围过于狭窄为由，希望扩展市区。其呈文曰："外东沙河堡一地，本前市长泽洲任内即已计划改建第二郊外公园，体察市民需要，实有继续进行之必要；又如外北凤凰山，地势平坦广袤，业已辟为公共飞机场，将来航空事业日趋进展，如不划入市区，将不便管理；其余如昭觉寺等为名胜古刹，本前遇有盛大集会，迭往派警前往弹压，已成历史关系；而青龙场又与该寺及驷马桥相连密切，亦应划入市区，方便照料。"③由此，其

---

① 黄隐：《为整理成都市市政告市民书》，《成都市市政公报》1929年第10期，第1—5页。

② 《省市县勘界条例》，《内政公报》1930年第3卷第6期，第65—68页。

③ 《据成都市市长陈鼎勋呈报拟划市区范围恳请核定示遵一案》（1931年12月30日），《成都市政府呈请划市疆域及陈施政概要、成都市区图、成都、华阳县政务会议呈文与四川省府指令训令》，四川省档案馆藏，档案编号：M054-03-7737。

提议市区范围向东扩展到簧门铺，向南扩展到红牌楼，向西扩展到土桥，向北扩展到天回镇。然而，此方案遭两县的反对，四川省政府也迟迟未能决定。成都县政府更是向民政厅呈文，强调该县"所属地面，除省会城乡内外警区不计外，余只十四保，若与华阳乡区地面比较，仅及三分之一，如再将西路土桥、北路天回镇以内各地划归市府管辖，则所余地带更狭，并多瘠壤，形成零落不堪。为县何能成为自治单位而土地、财产、户口大感损失，实于整理地方各项行政及教育、财务、公安、交通、建设等事业妨害过深"①，请求免于勘界。华阳县则召集机关法团代表及绅耆八十余人举行县政会议，强调"市府所拟划区地段涉及县属乡镇，于法似有未洽。如果照划则县属区域缩小，其土地上、财产上、户口上均感损失，而地方行政及关于教育、建设、团务诸端均将蒙莫大之影响与损害。即人民方面，安于地方习惯，骤然变更管辖，亦将感到许多不便"②。碍于两县的反对，民政厅决定"为了减少纠纷，市县兼顾起见，拟请仍照黄前市长原呈所称，以旧日警察区域为界限，暂不扩大"③。

30 年代初，四川军阀派系纷争，成都被三方瓜分。目前尚未有确切证据证明军阀势力对成都市县划界的干扰，但军阀对因划界而导致的税收调整似不会视若无睹。1935 年川政统一，军阀对地方社会的影响力随之降低，市县划界受军阀、税收的影响降低，而这一时期成都经济繁荣、社会发展、人口膨胀，城市自身的发展成为推动成都市县划界的重要动力。有鉴于此，成都市市长钟体乾再次向四川省政府提出，"本市区域未经划定，暂以旧省会警察区域为市行政范围，致诸多事务不易推行"④，希望早日划定疆界，以便办

①《据成都县县政府呈请予撤销堪划原议一案令仰查核办理由》（1932 年 4 月 28 日），《成都市政府呈请划市疆域及陈施政概要、成都市区图、成都、华阳县政务会议呈文与四川省府指令训令》，四川省档案馆藏，档案编号：M054-03-7737。

②《遵令集绅议覆划拨市区诸不便请求免于堪划以恤民艰一案》（1934 年 7 月），《成都市政府呈请划市疆域及陈施政概要、成都市区图、成都、华阳县政务会议呈文与四川省府指令训令》，四川省档案馆藏，档案编号：M054-03-7737。

③《呈请以旧日警察区域为界暂不扩大》，《成都市政府呈市境地区经界说明书、石椿记载表、市区经界椿日程表、市区界石料各费清册全年税收概况表》，四川省档案馆藏，档案编号：M054-03-7740。

④《成都市政府送国民政府军事委员会政治训练处关于委派各区区长等事的公函》，《市府有关市区规划和财税概况等各类文件》，成都市档案馆藏，档案编号：0038-01-0807。

理新兴事业。恰逢四川省政府正在酝酿修建成渝铁路以及建设成都新村，钟体乾的请求得到四川省政府的重视，省民政厅召集成都市政府、成都和华阳两县政府代表，商议如何划界问题，决定在原黄隐市长踏勘界线的基础上重新勘定界址。新方案计划成都市区范围东至小龙桥、五显庙，南至元通桥、火烧堰，西至化成桥、同善桥，北至驷马桥、赛银台等。[①]然而此划界方案由于"建筑成渝铁路、车站，扩修机场，建设公墓、新村暨郊外公园等项问题"[②]，未能令成都市政府满意，故而要求省府重新划界。

川政统一后，由于成都城市人口膨胀，省府与市府推动成都新村计划，计划城北火车站附近一带为工业区，城内及城东牛市口、沙河铺一带为商业区，城南一带为居住区，与此同时，酝酿中的成渝铁路成都车站也拟选址于成都城北。新的划界计划未能将成都新村及成渝铁路车站等区域包含在内，故而遭到成都市政府的强烈反对。对成都新村与成都车站的争夺，表面看是因成都新村乃为疏散市内人口而修建，成都车站乃为联系成都市与重庆市而修建，成都市自然应掌握其控制权，而其背后，则是更深层次的利益之争，即因兴修新村与车站所导致的地价升值与税收增加，无论市县，均将其视为一笔可观的财政收入。此外，市政府对于新村、车站的争夺，也与这一时期时人对"市"或"都市"的理解有关，即"都市，就是各种生产之大组织。都市之中，不但是仅有铁路、银行、货栈、商店等等。生产之人，亦集中于都市"[③]。

由于成都市的反对，直到 1936 年，三方仍未能依据划界方案进行土地与职权的交割，而成都县和华阳县治所也仍留在成都城内，并收取捐税。11 月 2 日，四川省府民政厅再次召开成都市县划界会议，提出了一个大胆的想法，即"成都市区划完后，将成华两县合并，成都存市之名，华阳存县之名，并照

---

① 参见乔曾希、李参化、白兆渝：《成都市政沿革概述》，载中国人民政治协商会议四川省成都市委员会文史资料研究委员会：《成都文史资料选辑》（第 5 辑），成都：成都市政文史资料研究会，1983 年，第 1—22 页。

②《关于取消市县新勘界以全县统一的提案》，《省市府关于成都市区勘地、划界的训令，呈文公函、代电、会议记录》，成都市档案馆藏，档案编号：0038-01-0184。

③ 杨哲明：《市政概论》，《道路月刊》1931 年第 3 期，第 39—43 页。

九江例，改定华阳为特等县"①，希望可以借此推动市县的划界。将两县合并，同时升华阳为特等县，如此可以尽量减少因划界对两县财政的影响。然而这一建议在民政厅讨论时被搁置，加之市县划界工作长期拖延，成、华两县合并之事亦无人再提起。正如 1939 年，时任成都市长的杨全宇所评论的："迭次拟议勘划市区均因种种事实限制，未能实现。"②

　　在这一阶段，成都市管辖范围仍未得到有效拓展，城市建成区沿各城门及主要公路向外延伸。城市的实体地域超过了行政地域的范围，成都市开始寻求与成华二县重勘新界。但这一时期，成都市虽然谋求扩大城市郊区，但其所遵循的仍是"小郊区"范式，仍处于城市型政区状态，即市的辖区应包括城市建成区以及城市发展备用土地，且在行政地域上需要与代表乡村的县相分离。

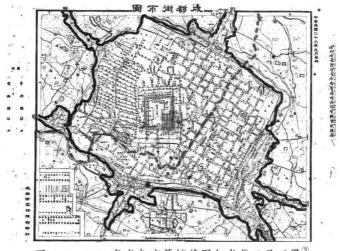

图 6-2　1936 年成都市管辖范围与成华二县旧界③

---

　　①《四川省政府民政厅召集成都市县境界会议纪录》，《市府有关市区规划和财税概况等各类文件》，成都市档案馆藏，档案编号：0038-01-0807。

　　② 杨全宇：《成都市政府施政概况报告书》，《成都市政月刊》1939 年第 1 卷第 5 期。

　　③ 此图由笔者根据相关资料并以 1937 年成都街市图为底图自绘，其中实线内为成都市实际管辖范围，虚线为成都县与华阳县两县的分界线。底图来自成都市档案馆所藏《成都街市图》，档案编号：0038-12-1265-01。

## 第三节　成都城市发展与城市地域的划定

由于 1935 年钟体乾所提出的划界计划被成都市政府否定，为尽快完成市县划界，省府决定派民政厅厅长稽祖佑兼任成都市市长并主持勘界事宜。此次勘界由市政府主持，勘界时依据道路、河流、桥梁、碉堡等因素，又考虑了将来发展建设用地需要。1937 年勘划完成，计划将华阳县 3 个乡、成都县 5 个乡划入市区范围，成都市范围计划东至乌龟桥，东南至八仙桥，南至红牌路，西南至糍粑店，西至化成桥、杉板桥，西北至荣桂桥、九里桥，北至赛灵台、高饭店、山王庙，绕凤凰山麓至青龙场，东北至八里庄、跳蹬河。全市面积约 139000 市亩，约合 92 平方千米[1]，比原先市区面积大了近 5 倍。对于这一划界计划，成都市政府较为满意，将该划界方案上报省政府并转内政部备案。

抗日战争全面爆发后，四川在全国的重要性得到凸显，"在长期抗战国策之下，随战局转移，西南各省实为国防重心，亦争取最后胜利之基本"[2]。作为大后方的四川，承接了大量内迁的企业、学校，人口大量涌入，为成都城市的跳跃性发展创造了良好的外部条件。[3]另外，成都市政当局也希望借此推动成都城市的发展，借机增加税收，扩大城市辖区。此外，由于近代以来对"都市""工业"的崇拜，为建设大后方以支持长期抗战，对大后方重要城市的发展与建设也成为时人之共识。在这一背景下，成都市政府急切希望将 1937 年所形成的划界计划付诸实施，为此，成都市市长杨全宇向四川省政府呈文称："按

① 参见莫钟戒：《成都市指南》，《成都旧志》杂志之四，第 140 页。
②《中央拟定建设西南各省三大方针》，《四川月报》1938 年第 12 卷第 2 期，第 93 页。
③ 参见徐鹏：《大后方城市的黄金期——抗日战争时期成都城市发展研究》，《四川文理学院学报》2016 年第 4 期，第 98-103 页。

照一般法制，在同一区域内，只能容许一个政权之行使，所有市区内之人口税收，及行政司法教育诸端，自应由本府直接行使治权，乃行政之常经，了无疑义，乃一查实际，则现在本府仅属寄驻于成都华阳两县境内，既无土地人民，而市内之收入，复与本府不相联系，则设市敷治之谓何？况同一区域内，同时存在三个地方政府，此其现象，实古今中外所绝无。"①呈文中市长所谓的"本府仅属寄驻于成都华阳两县境内，既无土地人民，而市内之收入，复与本府不相联系，则设市敷治之谓何"则有夸张之嫌，成都市辖区面积虽较小，但仍能控制环城城壕以内以及城厢区域，上文中已有论述。而所谓"市内之收入，复与本府不相联系"，也言过其实，"成都设市，虽划定警察区域为市区范围，然于税收则循例摊分，惟为节省财务费用，向由市府经收，按月摊拨，从无变异"。②此外，成都市长此处感慨既无土地，也无人口、税收的窘境，除因市县界限、权属划分不明外，还与警察系统的难以驾驭有关。成都市政府长期无法指挥该地警察系统，二者既不互相统属而职能上又交叉重复，使得市政府行政职权颇受侵蚀。③成都市政当局长期无法管理警察系统的原因，固然与在整个中国近代化的过程中，警政先于市政而出现有关，实际上也是受制于国民政府 1930 年颁布的《市组织法》的制约。该法令规定，"首都及省政府所在地之市，均不设公安局，关于公安局掌理事项，分别由首都

①《为本市市区划界完成请省府饬成华二县从速交拨由》（1938 年 9 月 20 日），《成都市府呈市组织规则组织系统表、履勘市区经界报告说明书、请令成华两县划归市区行政权》，四川省档案馆藏，档案编号：M054-03-7738。

②《为恳恳俯顺舆情，另行划定市县区域，并饬市府迅即清还欠拨两县市区附加税款仰祈鉴核示遵由》（1940 年 3 月 16 日），《成都市府呈市组织规则组织系统表、履勘市区经界报告说明书、请令成华两县划归市区行政权》，四川省档案馆藏，档案编号：M054-03-7738。

③ 成都市政府长期无法指挥该市的警察系统。参见曹发军：《抗战时期成都警政研究》，四川大学博士学位论文，2009 年。曹发军：《体制之痒：20 世纪 30 年代四川省会公安局与成都市政府之间的职权纠纷》，《史学月刊》2015 年第 8 期，第 33—38 页。双方纠纷尖锐之时，省府甚至有撤销成都市政府以保全警政的做法，参见《裁撤成都市府善后办法会议纪录》（1936 年 12 月 25 日），《成都市政府组织规程人员组织表及有关裁撤市府善后办法会议记录与四川省政府训指令》，四川省档案馆藏，档案编号：M054-01-2451。

警察厅或省会警察机关掌理之"①。由于成都市系四川省省会，如此使得成都市的警政由省会警察厅办理，成都市政当局自然也就难以掌控当地的警察系统。此外，呈文中所提到的税收与外迁县治问题，虽未如呈文中所述如此之夸张，但仍是成都市县划界纠纷中三方争执的重点。

1939 年初，成都市长杨全宇提出建设"新成都"的口号，决定大力建设成都②。4 月，国民政府批准稽祖佑 1937 年所提出的扩界方案，省政府责令两县政府搬出市区，移交市区行政权力。然两县政府以划定市区范围过大，反对将县地划入市区；又因划入市区后减少赋税收入，影响县府财政开支，行动迟缓，消极对抗。

5 月，成都县党务执行委员会代理书记长、县商会主席叶仲文，士绅龚向农等人罗列"十可议者"，与成都县政府各机关、学校、商会和有名的官绅联名上书省政府，从市县地域、划界手续、国内划界惯例等十个方面，要求取消新勘经界，以全县治。该呈文全文如下：

> 一、属县辖境傍市区西北两面，纵横不及三十余里，而市府所划地界，北至凤凰山，距城在十五里以上，而由凤凰山庄至成都与新都交界之三河场，则不及十里。西南至光华新村，距城在五里以上，而由光华新村至成都温江交界之苏坡桥，则不及六里。几划县境之半划归市区，以蕞尔弹丸之地，复去其半，恐全省之县，分无如此狭小之地域，此其可议者一。

> 二、然若市区实际扩张，只需有补于都市之繁荣，多划地积，容有商讨余地。今市府所划成华两县之地域，远者距城十五里以上，近者亦逾五里，合计新增面积较原有辖区大至四倍以上，而此等区域纯属农村，并无新增之市集。若以为悉应改筑市区，不但无此资力，亦且非此疏散时期之所应出，则市府拥此扩大之乡区将作何用，此其可议者二。

---

①《国民政府公布〈市组织法〉(民国十九年五月二十日国民政府公布，同日施行)》（1930 年 5 月 20 日）。转引自屈武：《国民党政府政治制度档案史料选编》（下），合肥：安徽教育出版社，1994 年，第 509—510 页。

② 杨全宇：《成都市政周报发刊词》，《成都市政周报》创刊号，1939 年 1 月 7 日。

三、市府藉词每谓疏散市民，义应早为划出，以资设备，而实则军政当局之所规划附郭五十里内皆为疏散区域，此五十里范围内，成华之外，如温江、双流、郫县、新都、新繁等县，皆在其中，将能为疏散市民悉划入市区乎？且所谓疏散，义在分住乡村，不必聚居城市，非与市政有不可分离之关系。况市县政府同为国家机关，同有行政权力，市府能举办者，何以县府独不可能，此其可议者三。

四、中国近年之大弊为农村枯竭，人民集中都市形成虚弱之繁荣。识者方乘农村都市化之潮流以谋农村之复兴，而矫此本轻末重之弊。今国家危急，敌机窥袭，时时可虑。方健全乡村之不暇，何有于扩张都市以事不急之务，此其可议者四。

五、县市虽为行政区域，而同时亦为自治单位，各自有其独立之自治行政，其一切设施，以暨财政等，皆有独自之计划与辖区，有不可分离之关系。故变更区划，亟应郑重，如省市县勘界条例第二第七第八各条，皆有极严之条件，周密之手续。今市府仅据粗率之勘测，未经关系机关议定界线，即据以呈报，不计属县之行政设施，不遵法令之规定手续。法例事实，悉加膜视，此其可议者五。

六、据县行政区域整理办法大纲之规定，为管辖及地形上之便利，县界交错之地，应划归整齐，勿使参差。今市县经界之划分，只求市区之扩张，而不顾及全县辖地之残缺，以使县区过于缩小，参差不齐，不但妨害县区固有之完整，于行政管理上亦至不便。蔑视事实，显悖法令，此其可议者六。

七、据市府呈文请照江宁县例，明令成华两县府迁出市区以外，查江宁先例，由南京市先为拨款建筑县府，然后迁出。今既未声明迁移建筑之费由谁负担，已失去其平，即令勉强迁出，而官舍似不可不建造。纵不问经费属谁，而国难期间，停止建筑之令申之至再，今强敌压境而欲不顾明令，不惜民力，迫令兴建，真不知意果何居，此其可议者七。

八、或曰市政经费本年度预算较历年激增一倍以上，若不接收所划扩大之辖区，断不足以应此巨额之支付。实情如何，虽难臆断，总之增益收入，必其目的之一，规划结果将不免以乡民之贡纳供机关之开支，备城市之建设，仍不外以农村血液营养都市之旧枝。且市府经费年支不可谓不巨，而泥泞满途，市容破败，建设各端了无表现，复何必流用农村之经费以耗于正求疏散之都市。此其可议者八。

九、历任市长，每以大员兼任，以此市县虽同属同级，势力所在，俨有重轻。即以前次划界而论，民政厅长稽祖佑兼任市长，勘测市县市县界线之际，纯由市府派员主持，成都县府仅派技士一人参加，只以备员，未参本议，而最近之朦呈层峰事前不特未稍顾人民意向即关系机关亦未依法协商，越权特视为故常，若不立予纠正，将使人民感觉人重于法，此其可议者九。

十、又况抗战期间，政务繁重，若兵役征工诸事，皆从前未有之举，实今日切要之图。赖全县官绅士民合力推动办理，始有秩序。悍然划分区域，则群情乖隔，意见横生，新旧擅易之间必至发生困难，影响抗战前途。此其可议者十。[①]

对于这份请愿书，民政厅长胡次威认为，"法令手续均无违背，来呈以'未明令召集关系各机关宣布'及'未遵照省市县勘界条例规定'为词，殊属谬误"[②]，仍坚持前市长稽祖佑的方案。

面对成、华两县政府的反对，成都市政府及时向省政府呈文，说明维持新市区划界理由：

其一，自贡市面积18万余亩，重庆市面积45万余亩，广州市面积30万余亩，南京、上海的面积更大，本市面积总共才13万余亩，比起上述城市并不算大。

其二，为建设后方重镇，使其成为现代化都市，增进全体市民福利及市政建设，应尽早接收新市区。

---

① 《呈为取销（消）违法新勘市县经界以全县治而顺舆情一案由》，《成都市政府呈成华两县迁出区并移交市辖行政权、省市县勘界条例、成都市区及成都、华阳两县关于新勘经界提案》，四川省档案馆藏，档案编号：M054-03-7739。

② 《关于取消市县新勘界以全县统一的提案》（1939年5月），《省市府关于成都市区勘地、划界的训令，呈文公函、代电、会议记录》，成都市档案馆藏，档案编号：0038-01-0184。

其三，希望成、华两县政府注意整个地方行政的改善，不必过于看重一部分境地的管辖，无论属县属市，都应以为民众谋福利为前提。①

同时，成都市政府向四川省府提出三条建议：其一，对成、华两县少数反对的地主和士绅进行人事调整疏通；其二，为避免以后再生变故，最好一次性交接完毕；其三，对县方提出的困难，省政府应拿出解决办法，必要时成都市政府可以协助。②

8 月 19 日，省府召开成都市区划拨问题会议，召集市、县负责人会商划界交接问题。成都市市长杨全宇态度强硬，认为"成都市勘划市区，既系依法呈奉中央核准，似不能以任何理由推翻……市区划拨，应以一次交割为宜，否则前途困难甚多，恐永难解决"。对此，成、华二县县长给予反击，认为原有划界程序不合法，对划给市区的县有公产应予补偿，且划界过程应召集市县三方与法团士绅代表会同解决。此外，两县县长还对省府偏袒市的做法予以抨击，认为虽然成都市为省会，为川省首善之区，地位似应较省内其他市县为高。然而根据国民政府法令以及民主政治，普通市与县平级，省府决议不应顾此失彼。面对市县三方的对立，省政府只得采取中立办法，决定"成都市区经界，仍照中央核准原案办理，但需斟酌实际需要情形，分为三期划拨"③。第一期所划之地：省会警察局管辖区域全部；近郊之兵工厂、望江楼、华西坝、武侯祠、草堂寺、昭觉寺、青羊宫等；附郭已修马路、具有市容的街道；连接市区的公路及公路两旁 200 米以内地面，即东起沙河堡附近的圣经桥，南至红牌楼，北至平桥子，西沿成灌马路伸展至茶店子（包括茶店子

①《成都市区划拨问题会议纪（记）录》（1939 年 4 月 19 日），《成都市府呈市组织规则组织系统表、履勘市区经界报告说明书、请令成华两县划归市区行政权》，四川省档案馆藏，档案编号：M054-03-7738。

②《成都市区划拨问题会议纪（记）录》（1939 年 4 月 19 日），《成都市府呈市组织规则组织系统表、履勘市区经界报告说明书、请令成华两县划归市区行政权》，四川省档案馆藏，档案编号：M054-03-7738。

③《成都市区划拨问题会议纪（记）录》（1939 年 4 月 19 日），《成都市府呈市组织规则组织系统表、履勘市区经界报告说明书、请令成华两县划归市区行政权》，四川省档案馆藏，档案编号：M054-03-7738。

的街区）①，即"东至牛市口车站，东南至复兴门外磨子桥，南至刘故主席墓园站，西南至送仙桥，西至犀角河，北至平桥子"②，预计划拨土地面积约为4万亩。

划拨会议结束后，成都市市长杨全宇随即终止向成华二县划拨附加税。然而及至1940年，成都市的市辖区面积仍未能确定，故而当年《四川统计月刊》所公布的四川各市县土地面积的数据中，仅有成都县254.69平方千米、华阳县957.37平方千米的数据，而成都市的土地面积则因尚未测量完成暂缺。③

1940年2月，参议员尹昌龄等向四川省临时参议会第二次大会提交《请确划成华市县经界及地方财政案》，详细论述了成都市县划界纠纷的缘起，并从财政、形势、市政建设、划界手续、税收分配、公产转移以及补偿等角度论述了市县划界长期拖延的原因。即：

> 查成都市与成华两县划界问题，自民国二十五年发生，相持至今，仍未得适当之解决，以致市县行政时发生纠葛，争执推诿，不可究穷。今中央方推行自治，厘整庶政。于此后防重镇，岂能任其长此纷争，惟此事之解决，必明症结之所在，然后处理，方得其平，始可令双方遵奉，争端永决。查成都市区原分隶成、华两县，度昔划界分疆，或以此繁荣之省会，既分属两县，则区划配置，不能不较为狭小。故成都一县纵横不过三十里。华阳虽较大而半属丘陵贫瘠之区，今将省会划出，特置一市，则成华两县，在区划上财政上则失其调剂。是以清末实行自治，省城虽设城会，而辖区及财政皆未截然划分。后成都正式设市，虽明定以警察区域为界，而收入仍照旧分摊。若不如此，则两县财政立陷绝境。盖此为相沿已久之事实。若不于地积及财政得相当之解决，虽责以功令，临以威力，无实益也。仲锡等博访周咨，深知此次纠葛之起因，实缘于民国二十五年成都市府秘前主任委员为扩张市区，另勘新界，其所勘界限远者，距

---

① 《关于遵照成都市府与成华两县交接的训令》，《省市府关于成都市区勘地、划界的训令，呈文公函、代电、会议记录》，成都市档案馆馆藏，档案编号：0038-01-0184。

② 莫钟戒：《成都市指南》，民国三十二年铅印，《成都旧志》杂志之四，第140页。

③ 《四川省各市县土地面积》，《四川统计月刊》1940年第5期，第1—2页。

城十五里以上，近者亦在五里内外，较原有市区大至五倍以上，成都以纵横不及三十里之地区，经此圈划，实去其半，凸凹不齐，已不成形势，而华阳亦膏腴尽失，影响甚钜（巨）。夫果市区膨胀，有加以调整扩张之必要，均系国家之土地，有何不可划拨。然细查实际情形，实不需要如此。扩大之农村区域，若强为划拨，不但危及两县之存在，亦且转增市政之累赘。盖以广大之农村，虽若干年后恐亦难于变成市集，则市府领此农村，于市政之外，复须兼理乡村行政也。况此等划界，仅系初勘，并未完成《市县勘界条例》第九条所规定"会同关系各市县政府实施履勘再议定界线"之手续，亦未经关系各机关会衔呈报，而于最关紧要之财政，如税收之分配、公产转移及补偿，皆未明白议定，宜乎两县人民对此新界坚不承认也。近央颁布县各级组织纲要，规定县市皆为法人，夫县市既属法人，必各自有区域与财政。长此混淆，争执不决，实非抗建时期所应有之现象。[①]

对于市县划界纠纷，尹昌龄提出如下解决办法：其一，重勘新界；其二，勘界标准"应就现在已具市容之区域及市政设备调整所实际必须之地区，划作市区，从前所拟过量之界划，应于撤除"；其三，两县从市区分收之款项，"或仍照向例，由市区划拨，或另筹长久确实之补偿，以免两县财政过于枯窘"；其四，两县在市区之公产，"应予保留，有必要时，得由市府商得对方同意，照时价购买"；其五，两县公署及学校若移出市区，应予补助；其六，市县划界及划分财政，"应由地方民意机关参加，如民意机关尚未成立，由法团及绅民代表参加"；其七，市县划界未正式解决前，两县岁收，仍照旧例办理。[②]尹昌龄的提案得到省政府的认可，并转批财政厅、成都市府、成华二县县府办理。

1940 年 6 月，省政府训令市县三方，重申第一期划拨土地及区内行政权力交接之事，并对市、县财政划分问题提出三点解决方案：其一，市区划定

①《请确划成华市县经界及地方财政案》，《尹昌龄等提案决议请确划成华市县经界》，四川省档案馆藏，档案编号：M049-01-1769。

②《请确划成华市县经界及地方财政案》，《尹昌龄等提案决议请确划成华市县经界》，四川省档案馆藏，档案编号：M049-01-1769。

后，两县原在市区内的税款收入全部归成都市，省财政予以拨款补助；其二，两县在市区内原有的公产仍归县有，市政府如需收用，应予以购买。市县事业不分之公产，市政府不得收用；其三，两县在市区内的机关、学校如市府要求迁出市外，其迁出费用由市负责补偿。①

对此，成都县府仍然持反对态度，并组织"成都县各界联合护界委员会"，散发《成都县各界联合护界委员会为成都市县划界问题否认违法勘界宣言》，认为"市县经界财政划分，匪仅关系两县存立，亦且关系法令之效能，若不彻底依法解决，断无以服两县人民之心"，对于划界问题，请求省政府将原划新界案撤销，并依照《市县勘界条例》第九条规定，组织合法勘界委员会，重新勘测，"合理勘定市县界线，于市县财政划分，亦应兼顾双方，不使有偏枯之弊"②。市府急于接收，县府处处拖延，省政府亦毫无办法，大有取消划界之意。1941 年 1 月，省政府将"成都县各界联合护界委员会"关于撤销市、县划界的报告批转成都市政府，市长余中英召集市府各局共同商讨对策，一致要求省政府坚持原则，"无论任何理由，似不能推翻定案"。

为促进新市区范围内的土地和行政权力交接，省府特成立"成都市县第一期划拨区域官公营庙产清查委员会"，清查第一期移交新市区土地，共约 4 万亩。在此基础上，民政厅训令两县于 1941 年 12 月底前按照第一批移交范围，完结移交事项，同时，省府与成都市府开始在边界树桩。然而，直至 1943 年 5 月，成都县政府仍以县参议会未开会核议为借口，华阳县政府以市县并无具体划拨依据为托词，拒绝移交新市区的管辖权。及至此时，成都市所辖旧市区面积仍仅为 27371 市亩，约合 18.25 平方千米，此范围与 1931 年前市长黄隐所划定的城市辖区大致相当，仍无重大突破。

此次划界计划不仅遭到县政府与县参议院的反对，在社会层面也产生较大影响。这一时期也有地方士绅阻挠划界、请愿勿轻易更改某地归属的现象，即国民地域认同问题。华阳县得胜场的全体士绅就曾联名向县参议会请

① 《关于遵照成都市府与成华两县交接的训令》，《省市府关于成都市区勘地、划界的训令，呈文公函、代电、会议记录》，成都市档案馆藏，档案编号：0038-01-0184。

② 《为成都市县经界财政划分问题请予转请撤销原案重新勘测以全县治仰祈鉴核示遵由》，《尹昌龄等提案决议请确划成华市县经界》，四川省档案馆藏，档案编号：M049-01-1769。

愿，希望不要把得胜场划归成都市管辖，"请将本场仍归还县辖，以便利地方自治之实施，而表现民主国家大公无私之作风事。窃得胜场远距成都五里之遥……乾嘉时代设立市场以来，即隶属于县"①。由于得胜场乡民的反对，成都市与华阳县划界时，即将得胜场划归华阳县，然而，这一区域的民众也并非全部都认可华阳县，且华阳县在得到得胜场后，希望进一步取得成都市所属一洞桥街的管辖权，引起地方人士不满②。如上可见，地方人士阻挠划界并非个别事件，以至在 1943 年 6 月四川省临时参议会第六次大会上，参议员方琢章提出关于《彻底调整县界不准土劣阻扰案》的提案，认为"一经调整，而地方土劣以为不便，私图互假借民意，向省控诉不休，甚有纠众阻挠……调整县界，请查以明令行之，早日告成，不准土劣阻扰案"③。依此，可以看到土劣阻挠划界的现象是存在的，而且应该不是孤立的个别事件，只是目前尚不知地方士绅的请愿及土劣的阻挠是否为成华两县官方授意。

为尽快解决划界问题，1944 年 5 月 20 日，省政府派民政厅长胡次威与财政厅厅长石体元会同前往处理三方划界交拨一案。6 月 1 日，成都县、华阳县两县政府奉令召开交拨问题座谈会。至于划界交拨的难处，两县认为主要包括五个方面：一、关于成华两县要求补偿契屠等税的问题；二、关于成、华两县要求今后长期补偿的问题；三、市区东桂街及北打金街小学校的归属问题；四、两县兵役是否照拨交人口数比例减少的问题；五、田地交拨后粮税应相应减少的问题。④

---

① 《为电请令饬成华两县划拨保甲、户口清册从速交拨以利进行由》（1944 年 6 月 29 日），《华阳、成都市县府县民呈三市县划界经图划拨保甲户口清册划勘界工作派员监督交接办理事宜提案会议记录与四川》，四川省档案馆藏，档案编号：M054-03-7742。

② 《文光华送成都市政府关于呈报废镇改区等事的呈》，《成都市华阳县关于划界经界图查勘补助经费、划界交接情形的公函、布告》，成都市档案馆藏，档案编号：0038-13-0085。

③ 《四川省政府送四川省第一区行政督察专员公署关于抄发省参议院方琢章等提议彻底调整县界不准土劣阻扰一案的训令》（1943 年 8 月），《四川省第一区行政督察专员公署》，成都市档案馆藏，档案编号：0134-02-0082。

④ 《据签呈为奉令监同成华三市县划界交拨办理情形并拟具意见请核示一案奉批提请公决由》（1944 年 8 月 15 日），《华阳、成都市县府县民呈三市县划界经图划拨保甲户口清册划勘界工作派员监督交接办理事宜提案会议记录与四川》，四川省档案馆藏，档案编号：M054-03-7742。

市县三方争执的焦点主要集中于市县划界后的税收公产等补偿问题、外迁县治问题及所附带产生的县治选址及兴建费用问题、原属县存废问题、国民地域认同问题。其中最核心的问题是税收公产补偿以及外迁县治的兴建费用问题。时任华阳县县长彭善承在筹办迁建华阳县治工作时即总结，"惟划界之争执不已，财务之纠纷未决，市县交拨，迄难彻底实施"①。两县反对划拨土地给成都市，表面看是辖区问题，深层次的原因则是触动了两县的财政与税收。"成都设市，虽划定警察区域为市区范围，然于税收则循例摊分，惟为节省财务费用，向由市府经收，按月摊拨，从无变异。……成华经常岁入，城区拨款，成都占岁入五分之二以上，华阳占岁入四分之一以上。"②划界工作所导致的土地划拨以及财政收入损失，正是两县不愿划界的最重要原因。

6月2日，胡次威与石体元二厅长前往市府，向市长余中英传达了二县提出的问题，余中英表示完全服从民政厅处置。两厅长认为，市县划界"交拨延缓症结所在，即为契屠两税补偿及兵役粮税之核减两问题，不易获得适当之解决"，并提出解决方案：关于补偿契屠等税问题，由民政厅分别补贴成都四百万元、华阳五百万元，以补助两县迁治之需；长期补偿问题，因为法律所限，不能饬市长期划补，仅能由省府每年核定预算时加以注意；市区东桂街及北打金街小学校仍归华阳县辖；两县兵役照拨交人口数比例减少；土地拨交后照已拨地亩减少粮额。③

1945 年 5 月，成都市市长陈离呈文省政府主席张群，指责两县拖延划界交拨工作，并因此导致难以按时成立市参议院，希望省府可以饬令两县从速交拨。由于市政府与省政府的百般催促，6 月 30 日中午 12 时，在民政厅厅长胡次威主持下，市县三方举行划界交接仪式。成、华两县的财、粮、保

---

① 彭善承：《华阳县新治分区设计经过》，载张研、孙燕京：《民国史料丛刊》（第 149 册），郑州：大象出版社，2009 年，第 277—281 页。

② 《为协恩俯顺舆情，另行划定市县区域，并饬市府迅即清还欠拨两县市区附加税款仰析鉴核示遵由》（1940 年 3 月 16 日），《成都市府呈市组织规则组织系统表、履勘市区经界报告说明书、请令成华两县划归市区行政权》，四川省档案馆藏，档案编号：M054-03-7738。

③ 《据签呈为奉令监同成成华三市县划界交拨办理情形并拟具意见请核示一案奉批提请公决由》（1944 年 8 月 15 日），《华阳、成都市县府县民呈三市县划界经图划拨保甲户口清册划勘界工作派员监督交接办理事宜提案会议记录与四川》，四川省档案馆藏，档案编号：M054-03-7742。

清册，移交市府，成都县拨交成都市政府的土地面积共 4247.98 亩，23 保，190 甲；华阳县交拨成都市政府土地面积共 4301.95 亩，19 保，92 甲。如是，成都市政府管辖的范围扩大至 35919 亩，虽比 1937 年与 1940 年所勘市辖区明显为小，但毕竟有所扩大，获得了发展空间，市区终于突破了旧城垣的束缚。1945 年 7 月 1 日正式接收成、华两县新拨交之区域后，与原成都市属附城几镇合并改为六个区，即原外东至紫东全镇与华阳划入新东郊各保改编为九区，原水津、大安两镇与华阳新交的白塔等相连各保改编为十区，原德胜全镇改为十一区，原外南万里镇同新接收区改编为十二区，原江源、青羊两镇及新交地区改编为十三区，原万福镇与新交地区改编为十四区。[1]

自 1931 年黄隐勘界确定成都市行政范围始，经过"1931 年陈鼎勋方案""1935 年钟体乾方案""1937 年稽祖佑方案""1940 年杨全宇方案"，终至 1945 年划界方案得以落实，土地、人口得以交拨。此后几年，由于抗日战争的胜利与解放战争的进行，成都市、成都县、华阳县三方的划界工作暂时告一段落。

表 6-1 成都市历次划界经过表[2]

| 时间 | 历次面积起讫处 | | | | 结果 |
|---|---|---|---|---|---|
| | 极东 | 极南 | 极西 | 极北 | |
| 1937 年 | 乌龟桥 | 红牌楼 | 化成桥 | 凤凰山麓 | 未予交拨，停顿至 1940 年始奉省令重新勘测 |
| 1940 年 | 牛市口 | 刘故主席墓园 | 犀角河 | 平桥子 | 延未交拨，至 1943 年 6 月复奉省令准将新市区界内官公营庙产先行移交 |
| 1943 年 6 月 | 同上 | 同上 | 同上 | 同上 | 除华阳县一部学产外其余均未交拨 |
| 1943 年 9 月 | 同上 | 同上 | 同上 | 同上 | 奉省令提示筹订各项彻底解决办法，限于 1943 年 9 月 30 日前将核定改割各地分割交拨清楚会报，现正积极商同成华两县办理中 |

---

① 参见乔曾希、李参化、白兆渝：《成都市政沿革概述》，载中国人民政治协商会议四川省成都市委员会文史资料研究委员会：《成都文史资料选辑》（第 5 辑），成都：成都市政文史资料研究会，1983 年，第 1—22 页。

② 《成都市历次划界起讫处》，《成都市》1945 年 3 月创刊号，第 29 页。

表6-2 成都市历次划界变更比较表（1937—1944）[1]

| | 1937年内政部规定接收城区 | 1940年省府规定接收城区 | 1944年管辖市区 |
|---|---|---|---|
| 面积（市亩） | 138000 | 64400 | 27371 |
| 面积（平方千米） | 92 | 42.93 | 18.25 |
| 四至 | 东至乌龟桥，东南至八仙桥，南至红牌路，西南至糍粑店，西至化成桥、杉板桥，西北至荣桂桥、九里桥，北至赛灵台、高饭店、山王庙，绕凤凰山麓至青龙场，东北至八里庄、跳蹬河 | 东至牛市口车站，东南至复兴门外磨子桥，南至刘故主席墓园站，西南至送仙桥，西至犀角河，北至平桥子 | 即1931年警察局管辖区域。东门至牛市口车站，南门至浆洗街、衣冠庙，老西门至花牌坊，新西门至青羊场，北门至簸箕街、梁家巷。城以外东部与北部不及三里，西部南部不及两里 |

　　成都解放后，1950年5月，市政府为加强市政建设和市政管理，呈文川西人民行政公署，要求扩展市区，将成都、华阳两县部分乡、镇划归成都市管辖。同年6月川西行署批复，令成都市人民政府与成都、华阳两县人民政府协商划地、勘界。1951年达成协议，由华阳县划出隆兴、保和、得胜、永丰四个乡全部及桂溪乡部分；成都县划出青龙、驷马、西城三个乡全部及天回、城区、太平三个乡部分，交成都市管辖。两县共划入成都市土地151363亩，人口151821人，并决定以"外东成渝公路至下沙河堡东面桥头，成仁公路至五桂桥为界；外东成石小道至八仙桥，成康公路至铁底桥为界；外西成温公路至成华大学西面之邓家碾，成灌公路至茶店子以西之桥头为界；外北成彭公路至山王庙，成渝铁路路基至隆兴乡清水塘为界"[2]。1952年4月18日，川

　　①据1942年《成都市政统计年鉴》、1945年3月《成都市》创刊号、莫钟戒《成都市指南》所载文献资料整理绘制。
　　②《为报告我区成都市扩大市区经过情形的呈文》，《本署、成都市政府关于成都市区区划问题的请示、报告、命令、批复》，四川省档案馆藏，档案编号：建西007-01-0061。

西行署第三十六次行政会议讨论决定，撤销成都县，其所辖乡分别划归新都、
新繁、郫县、温江和成都市。如此，成都市的辖区范围得到重大突破。

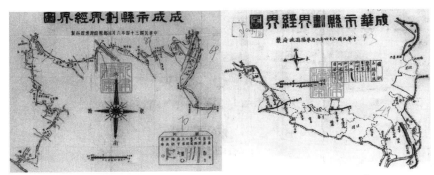

图6-3　1945年成都市与成都县、华阳县划界经界图①

近代"城乡分治"背景下的成都市县划界纠纷的困境是多层次的。根本
动因是市、县为相互独立的政区，市不辖县，导致因"切块设市"而形成的
城市在发展过程中难以获得充分的发展空间与腹地。成都市与原附郭成都、
华阳二县的划界，即将原地域型政区中最繁华、人口最集中的一块切出，单
独成为一个政区，对两县的人口、税收产生重大影响。在"切块设市"的过
程中，未能预留城市发展空间，以致随着成都城市规模的扩大，城市的行政
地域与实体地域明显脱节，成都市不仅需要获得与实体地域相吻合的行政地
域，更需要获得广阔的城市发展腹地，为此，市政府希望两县通过重勘新界

---

① 成都市档案馆所藏《成成市县划界经界图》（档案编号：0038-13-0085-25），《成
华县划界经界图》（档案编号：0038-13-0093-17）。

划拨土地以促进城市发展。然而成都市与成、华两县同归省政府管辖，互不统属，省政府在"地方自治"的背景下难以厚此薄彼，以致在一系列具体困难阻碍下，划界工作一再拖延。在省政府的组织下，市县三方在对税收补偿、原属县存废、外迁县治及所附带产生的县治选址及兴建费用、国民地域认同等诸问题达成共识后，划界工作方得实质推动。

此外军阀混战、政局不稳导致政策不具延续性也是民国时期成都市县划界纠纷长期得不到解决的另一重要原因。从 1931 年 12 月市长陈鼎勋"以警区范围过于狭窄（为由），建议市区应予扩张"开始，直到 1945 年成、华两县向成都市交拨土地，成都市、成都县、华阳县三县市的划界问题纠缠了近 15 年。正如上文中将划界问题以川政统一为界划分，1935 年前，四川军阀混战，政局的不稳严重阻碍了成都市政的发展。而市长的轮番更换，则导致政令无法一以贯之，必然对成都市政的发展产生颇多窒碍。何一民曾对成都市历任政府负责人进行过统计，"市政公所时期（1922 年 3 月—1928 年 6 月）6 年间共更换了五任督办，平均每一任督办任职时间为一年零三个月；市政府时期（1928 年 6 月—1949 年 12 月）21 年间共更换 14 任市长，平均每一任市长任期一年半"[1]，其中任期最长的为市长余中英，自 1940 年 10 月 1 日起，至 1944 年 12 月 1 日。余中英在任之时，作为大后方的四川承接了大量内迁的企业、学校，人口大量涌入，促使成都市迫切需要发展市政与扩大城市规模，也正是在其任期内，成都市县的划界工作在得到了有效的推进。

民国时期成都市脱胎于地域型政区，通过切块形成的城市型政区作为过渡形态而存在，而划界纠纷的解决使成都市获得了广阔的郊区，并向地域型政区回归。以成都市的划界纠纷为主，结合南京、上海、贵阳、九江、重庆等城市的设市划界经过，可以窥见各主要城市在"切块设市"及城市规模扩大的过程中所发生的市县划界纠纷，一定意义上是近代城市发展在"城乡分治"背景下的必然。各地具体情况不同，市县划界的矛盾或尖锐，或平缓。南京特别市借助其特殊地位及蒋介石的干预，与江宁县划定了各自辖区，并通过协助修建县政府推动该县治搬出城区，较早地完成市县划界的工作。而成都

---

① 何一民：《变革与发展——中国内陆城市成都现代化研究》，成都：四川大学出版社，2002 年，第 354—355 页。

市与成都、华阳二县的划界，则因多重问题长期难以得到有效解决而拖延达十余年之久。从"城乡分治"重归"城乡合一"，便是民国时期成都市与成都、华阳二县划界纠纷的最终结果。民国时期成都市与成都、华阳二县划界纠纷的最终结果，即有效地解决了"城乡分治"所遗留的后遗症，既确定城市的边界，为制定适合辖区内的政策方针提供了便利，也使得成都市获得了广阔的发展空间。

# 附录　近现代中国市制发展重要文献选编

## 附录一《城镇乡地方自治章程》（1909 年）①

（光绪三十四年十二月二十七日颁布）
1909 年 12 月 27 日

## 第一章 总纲

### 第一节 自治名义

第一条　地方自治以专办地方公益事宜，辅佐官治为主。按照定章，由地方公选合格绅民，受地方官监督办理。

### 第二节 城镇乡区域

第二条　凡府厅州县治城厢地方为城，其余市镇村庄屯集等各地方，人口满五万以上者为镇，人口不满五万者为乡。

第三条　城镇乡之区域，各以本地方固有之境界为准。

若境界不明，或必须另行析并者，由该管地方官详确分划，申请本省督抚核定。嗣后城镇乡区域如有应行变更或彼此争议之处，由各该城镇乡议事会拟具草案，移交府厅州县议事会议决之。

第四条　镇乡地方嗣后若因人口之增减，镇有人口不足四万五千，乡有多至五万五千者，由该镇董事会或乡董呈由地方官申请督抚，分别改为乡镇。

---

① 杨廷栋：《城镇乡地方自治章程通释》，上海：商务印书馆，1910 年。

## 第三节  自治范围

第五条  城镇乡自治事宜，以左列各款为限：

一、本城镇乡之学务：中小学堂、蒙养院、教育会、劝学所、宣讲所、图书馆、阅报社，其它关于本城镇乡学务之事；

二、本城镇乡之卫生：清洁道路、蠲除污秽、施医药局、医院医学堂、公园、戒烟会，其它关于本城镇乡卫生之事；

三、本城镇乡之道路工程：改正道路、修缮道路、建筑桥梁、疏通沟渠、建筑公用房屋、路灯，其它关于本城镇乡道路工程之事；

四、本城镇乡之农工商务：改良种植牧畜及渔业、工艺厂、工业学堂、劝工厂、改良工艺、整理商业、开设市场、防护青苗、筹办水利、整理田地，其它关于本城镇乡农工商务之事；

五、本城镇乡之善举：救贫事业、恤嫠、保节、育婴、施衣、放粥、义仓积谷、贫民工艺、救生会、救火会、救荒、义棺义冢、保存古迹，其它关于本城镇乡善举之事；

六、本城镇乡之公共营业：电车、电灯、自来水，其它关于本城镇乡公共营业之事；

七、因办理本条各款筹集款项等事；

八、其它因本地方习惯，向归绅董办理，素无弊端之各事。

第六条  前条第一至第六款所列事项，有专属于国家行政者，不在自治范围之内。

第七条  城镇乡地方，就自治事宜，得公定自治规约，惟不得与本章程及他项律例章程相抵牾。

自治规约内得设罚则，以罚金及停止选民权为限。罚金最多之额，不得过十元。停止选民权最长之期，不得过五年。

## 第四节  自治职

第八条  凡城镇各设自治职如左：

一、议事会；

二、董事会。

第九条　凡乡设自治职如左：

一、议事会；

二、乡董。

第十条　城镇乡地方有分属二县以上，或直隶州与县管辖者，其自治职仍得合并设置，毋庸分立。

第十一条　城镇有区域过广，其人口满十万以上者，得就境内划分为若干区，各设区董，办理区内自治事宜，其细则以规约定之。

第十二条　乡有户口过少，其选民全数不足议员最少定额十倍之数者，得不独立设置自治职，与同一管辖内邻近之城镇乡合并办理。

若因地方情形不便合并者，除按章设置乡董外，得不设乡议事会，以乡选民会代之。

第十三条　凡二乡以上有彼此相关之事，必须连合办理者，得以各该乡之协议，设连合会办理之。

第十四条　城镇乡地方各设自治公所，为城镇乡议事会会议及城镇董事会乡董办事之地。

自治公所，可酌就本地公产房屋或庙宇为之。

## 第五节　居民及选民

第十五条　凡于城镇乡内现有住所或寓所者，不论本籍、京旗、驻防或流寓，均为城镇乡居民。

居民按照本章程所定，有享受本地方公益之权利，并有分任本地方负担之义务。

第十六条　城镇乡居民具备左列资格者为城镇乡选民：

一、有本国国籍者；

二、男子年满二十五岁者；

三、居本城镇乡接续至三年以上者；

四、年纳正税（指解部库司库支销之各项租税而言）或本地方公益捐二元以上者。

居民内有素行公正，众望允孚者，虽不备第三、第四款之资格，亦得以城镇乡议事会之议决，作为选民。

若有纳正税或公益捐较本地选民内纳捐最多之人所纳尤多者，虽不备第二、第三款之资格，亦得作为选民。

第十七条 有左列情事之一者，虽具备前条第一项各款，及合前条第三项所定资格，不得为选民：

一、品行悖谬，营私武断，确有实据者；

二、曾处监禁以上之刑者；

三、营业不正者，其范围以规约定之；

四、失财产上之信用，被人控实尚未清结者；

五、吸食鸦片者；

六、有心疾者；

七、不识文字者。

第十八条 城镇乡选民按照本章程所定，有选举自治职员及被选举为自治职员之权。

以第十六条第三项资格作为选民者，有选举自治职员之权，若不能自行选举权者，得遣代理人行之。

代理人以具备第十六条第一项第一、二款之资格，且不犯第十七条所列各款者为限。

第十九条 左列人等，不得选举自治职员及被选举为自治职员：

一、现任本地方官吏者；

二、现充军人者；

三、现充本地方巡警者；

四、现为僧道及其它宗教师者。

第二十条 现在学堂肄业者，不得被选举为自治职员。

第二十一条　凡被选举为自治职员者，非有左列事由之一，不得谢绝当选，亦不得于任期内告退：

一、确有疾病，不能常任职务者；

二、确有他业，不能常居境内者；

三、年满六十岁以上者；

四、连任至三次以上者；

五、其它事由，特经城镇乡议事会允准者。

第二十二条　无前条所列事由之一，而谢绝或告退者，得以城镇乡议事会之议决，于一年以上，五年以下，停止其选民权。

## 第二章 城镇乡议事会

### 第一节　员额及任期

第二十三条　城镇议事会议员，以二十名为定额。

城镇人口满五万五千者，得于前项定额外，增设议员一名。自此以上，每加人口五千，得增议员一名，至多以六十名为限。

第二十四条　乡议事会议员，按照人口之数定之，其比例如左：

人口不满二千五百者，议员六名；

人口二千五百以上不满五千者，议员八名；

人口五千以上不满一万者，议员十名；

人口一万以上不满二万者，议员十二名；

人口二万以上不满三万者，议员十四名；

人口三万以上不满四万者，议员十六名；

人口四万以上者，议员十八名。

第二十五条　城镇乡议事会议员，由本城镇乡选民互选任之。

城镇乡议事会议员选举事宜，照另定选举章程办理。

父子兄弟不得同时任为议员，若同时当选者，以子避父，以弟避兄。

若有父子兄弟现为城镇董事会总董事或乡董乡佐者，不得为该议事会议员。

第二十六条 城镇乡议事会各设议长一名，副议长一名，均由议员用无名单记法互选，其细则以规约定之。

第二十七条 议员以二年为任期，每年改选半数，若议员全数同时选任者，其半数即以一年为任满。

前项一年任满之半数，以抽签定之。若全数不能平分者，以多数为半数。

第二十八条 议长、副议长以二年为任期，任满改选。

第二十九条 议员及议长、副议长任满再被选者，均得连任。

第三十条 议员因事出缺，至逾定额三分之一者，应即补选。

第三十一条 议长因事出缺，以副议长补之。副议长因事出缺，应即补选。

第三十二条 补缺各员，其任期以补足前任未满之期为限。

第三十三条 议员及议长、副议长均为名誉职，不支薪水。

议长、副议长有办公必需之费用，得给相当之公费，其数目由本城镇董事会或乡董定之。

第三十四条 城镇乡议事会各设文牍、庶务等员，其员额薪水，以规约定之。

文牍、庶务员不限以选民，由议长、副议长遴选派充。

第三十五条 乡选民会议员无定额，以本乡选民全数充之。

乡选民会设议长、副议长，均由会员互选，其任期及再选，照第二十八、二十九条办理，若因事出缺，照第三十一条办理，薪水公费，照第三十三条第一、第二项办理。

## 第二节 职任权限

第三十六条 城镇乡议事会应行议决事件如左：

一、本城镇乡自治范围内应行兴革整理事宜；

二、本城镇乡自治规约；

三、本城镇乡自治经费岁出入预算，及预算正额外预备费之支出；

四、本城镇乡自治经费岁出入决算报告；

五、本城镇乡自治经费筹集方法；

六、本城镇乡自治经费处理方法；

七、本城镇乡选举上之争议；

八、本城镇乡自治职员办事过失之惩戒，惩戒细则，以规约定之；

九、关涉城镇乡全体赴官诉讼，及其和解之事。

第三十七条 议事会议决事件，由议长、副议长呈报该管地方官查核后，移交城镇董事会或乡董，按章执行。

第三十八条 议事会有选举城镇董事会职员或乡董乡佐，及监察其执行事务之权，并得检阅其各项文牍，及收支账目。

第三十九条 议事会遇地方官有咨询事件，应胪陈所见，随时申复。

第四十条 议事会于地方行政与自治事宜有关系各件，得条陈所见，呈候地方官核办。

第四十一条 议事会于城镇董事会或乡董所定执行方法，视为逾越权限，或违背律例章程，或妨碍公益者，得声明缘由，止其执行。

若城镇董事会或乡董坚持不改，得移交府厅州县议事会公断。

若于府厅州县议事会之公断有不服时，得呈由地方官核断。如再不服，由地方官申请督抚交咨议局公断。

第四十二条 乡选民会职任权限，照乡议事会办理。

## 第三节 会议

第四十三条 城镇乡议事会会议，每季一次，以二月、五月、八月、十一月为会期，每会期以十五日为限，限满议未竣者，得由议长宣示，展限十日以内。其有临时应议事宜，经地方官之通知，及城镇董事会或乡董之请求，或议员全数三分之一以上之请求者，均得随时开会。

每届会议,应由城镇董事会或乡董,将本届应议事件,距开会十日以前,通知议事会议员。其临时会议,事出仓猝者,不在此限。

第四十四条 会议时,议长如有事故,以副议长代理,若副议长并有事故,由议员中公推临时议长代理。

第四十五条 会议非有议员半数以上到会,不得议决。

第四十六条 凡议事可否,以到会议员过半数之所决为准。若可否同数,则取决于议长。

第四十七条 会议时,城镇董事会职员或乡董乡佐,均得到会陈述所见,但不列议决之数。

第四十八条 凡会议不禁旁听,其议长、副议长视为应行秘密者,不在此限。

第四十九条 会议事件,有关系议长、副议长及议员本身,或其父母兄弟妻子者,该员不得与议。

议长、副议长如有前项事由,照第四十四条办理。议员半数以上有前项事由,因而不能议决者,由议长将该件移交府厅州县议事会,或邻近之城镇乡议事会,代为议决。

第五十条 会议时,议员有不守议事规则者,议长得止其发议,违者得令退出,因而紊乱议场秩序,致不能会议者,得令暂时停议。

第五十一条 旁听人有不守规则者,议长得令其退出。

第五十二条 议事规则及旁听规则,由议事会自定之。

第五十三条 乡选民会会议,照乡议事会办理。


# 第三章 城镇董事会

## 第一节 员额及任期

第五十四条 城镇董事会各设职员如左:

总董一名;

董事一名至三名；

名誉董事四名至十二名。

董事以该城镇议事会议员二十分之一为额，名誉董事以其十分之二为额。

第五十五条　总董以本城镇选民，由该城镇议事会选举正陪各一名，呈由该管地方官，申请督抚遴选任用之。

第五十六条　董事以本城镇选民，由该城镇议事会选举，呈请该管地方官核准任用之。

第五十七条　名誉董事以本城镇选民，由该城镇议事会选任之。

第五十五、五十六条及本条选举事宜，照另定选举章程办理。

第五十八条　总董、董事以二年为任期，任满改选。

第五十九条　名誉董事以二年为任期，每年改选半数，若同时就任者，其半数即以一年为任满。

前项一年任满之半数，照第二十七条第二项办理。

第六十条　总董、董事均支领薪水，其数目以规约定之。名誉董事不支领薪水。

第六十一条　董事会职员任满再被选者，均得连任。

第六十二条　董事会职员，不得同时兼任该议事会议员，若有由议员当选者，应辞议员之职。

父子兄弟不得同时任董事会职员，若同时当选者，照第二十五条第三项办理。

第六十三条　总董如有事故，以董事内年长者代理。年同，则以居本城镇较久者代理。若再相同，以抽签定之。

第六十四条　总董、董事因事出缺，及名誉董事因事出缺，至逾定额之半者，均即补选。

第六十五条　补缺各员之任期，照第三十二条办理。

第六十六条　城镇董事会因执行各事，有应设各项办事员时，由总董遴选派充，不限以选民，但须经董事会之公认，其细则以规约定之。

第六十七条 城镇董事会得设文牍、庶务等员，其员额薪水，以规约定之。

文牍、庶务员不限以选民，由总董遴选派充，或按地方情形，即以该议事会文牍、庶务员兼充之。

## 第二节 职任权限

第六十八条 城镇董事会应办事件如左：

一、议事会议员选举，及其议事之准备；

二、议事会议决各事之执行；

三、以律例章程，或地方官示谕，委任办理各事之执行；

四、执行方法之议决。

第六十九条 董事会于议事会议决事件，视为逾越权限，或违背律例章程，或妨碍公益者，得声明缘由，交议事会复议。若议事会坚持不改，得移交府厅州县议事会公断。

不服者照四十一条第二项办理。

第七十条 总董总理董事会一切事件，凡董事会公文函件，均以总董之名行之。

第七十一条 董事及办事员辅佐总董，分任董事会事件。

第七十二条 名誉董事参议董事会应行议决事件。

## 第三节 会议

第七十三条 城镇董事会每月举行职员会议一次。

每届会议，董事会文牍员应将本届应议事件，距开会五日以前，通知各职员。

第七十四条 会议时以总董为议长。

总董如有事故，按照第六十三条，以其代理者为议长。

第七十五条 会议时，非董事会职员全数三分之二以上到会，不得议决。

议决方法照第四十六条办理。

会议时，办事员就该管事务，亦得到会与议。

第七十六条　会议时，议事会议长、副议长、议员，得到会陈述所见，但不列议决之数。

第七十七条　会议事件有关系董事会职员本身，或其父母兄弟妻子者，该员不得与议。

总董如有前项事由，照第七十四条第二项办理。董事、名誉董事全数三分之二以上有前项事由，因而不能议决者，将该件移交本城镇议事会，代为议决。

第七十八条　凡议决事件，应随时报告议事会，并呈报地方官存案。


# 第四章　乡董


## 第一节　员额及任期

第七十九条　各乡设乡董一名，乡佐一名，以本乡选民，由该乡议事会选举，呈请该管地方官核准任用之。

第八十条　乡董、乡佐不得同时兼任该乡议事会议员，若有由议员当选者，照第六十二条第一项办理。

父子兄弟不得同时为乡董、乡佐，若同时当选者，照第二十五条第三项办理。

第八十一条　乡董、乡佐以二年为任期，任满改选。再被选者，均得连任。

第八十二条　乡董、乡佐均支领薪水，其数目以规约定之。

第八十三条　乡董如有事故，以乡佐代理。

第八十四条　乡董、乡佐因事出缺，均即补选。

第八十五条　各乡因执行各事，有应设各项办事员时，由乡董遴选派充，不限以选民，但须经乡议事会之公认，其细则以规约定之。

第八十六条 乡董得设文牍、庶务等员，其员额薪水，以规约定之。

文牍、庶务员不限以选民，由乡董遴选派充，或按地方情形，即以该议事会文牍、庶务员兼充之。

## 第二节 职任权限

第八十七条 乡董职任权限，照第六十八条第一至第三款，及第六十九条办理。

第八十八条 乡董就应办各事，定执行方法。

第八十九条 乡佐及办事员辅佐乡董，办理各事。

# 第五章 自治经费

## 第一节 类别

第九十条 城镇乡自治经费，以左列各款充之：

　　一、本地方公款公产；

　　二、本地方公益捐；

　　三、按照自治规约所科之罚金。

第九十一条 前条公款公产，以向归本地方绅董管理者为限。

其城镇乡地方向无前项所指公款公产，或其数寡少不敷用者，得由议事会指定本地方关系自治事宜之款项产业，呈请地方官核准拨充。

第九十二条 公益捐分为二种如左：

　　一、附捐；

　　二、特捐。

就官府征收之捐税，附加若干，作为公益捐者，为附捐。于官府所征捐税之外，另定种类名目征收者，为特捐。

前项附捐数目，不得过原征捐税定数十分之一。

凡以劳力或物品供给办理自治事宜之需用者，得计其相当价值，以特捐论。

第九十三条　公益捐之创办，由议事会拟具章程，呈请地方官核准遵行，嗣后如有应行变更废止之处，亦由议事会条议，呈请地方官核准。

## 第二节　管理及征收

第九十四条　自治经费，由议事会议决管理方法，由城镇董事会或乡董管理之。

第九十五条　公款公产之内，有系私家捐助，当时指定作为办理某事之用者，不得移作他用。其指定办理之事业以律例章程变更废止者，不在此限。

第九十六条　附捐由该管官吏按章征收，汇交城镇董事会或乡董收管。特捐由城镇董事会或乡董呈请该管地方官出示晓谕，交该董事会或乡董自行按章征收。

第九十七条　凡于本城镇乡内有不动产或营业者，即本人不在本地方居住，亦一律征收公益捐。

## 第三节　预算决算及检查

第九十八条　城镇董事会或乡董，每年应预计明年经费出入，制成预算表，于每年十一月议事会会议期内，移交该会议决。

议决后，除照第三十七条办理外，应由地方官申报督抚存案，并于本地方榜示公众。

第九十九条　预算内除正额外，得设预备费以备预算不敷，及预算各款外临时之支出。若预备费不敷支出者，非经议事会之议决，不得提用他款。

第一百条　城镇董事会或乡董，每年应将上年经费出入，制成决算表，连同收支细账，于每年二月议事会会议期内，移送该会议决，议决后，照第九十八条第二项办理。

第一百零一条　凡自治经费出入之检查，分为二种如左：

一、定期检查；

二、临时检查。

定期检查每月一次，由城镇董事会总董或乡董行之。

临时检查每年至少一次，由城镇董事会总董或乡董，会同该议事会议长、副议长及议员一名以上行之。

# 第六章 自治监督

第一百零二条 城镇乡自治职，各以该管地方官监督之。该管地方官应按照本章程，查其有无违背之处而纠正之，并令其报告办事成绩，征其预算、决算表册，随时亲往检查，将办理情形，按期申报督抚，由督抚汇咨民政部。其分属二县以上，或直隶州与县管辖者，由各该州县会同监督之。

第一百零三条 地方官有申请督抚，解散城镇乡议事会、城镇董事会及撤销自治职员之权。

解散或撤销后，应分别按章改选，城镇乡议事会应于解散后两个月以内，城镇董事会应于解散后十五日以内，重行成立，乡董应于撤销后十五日以内，重行选定。若城镇议事会、董事会同时解散，或乡议事会、乡董同时解散撤销者，应于两个月以内，先行招集议事会，所有选举及开会事宜，由府厅州县董事会代办，其城镇董事会及乡董，应于议事会成立后十五日以内，重行成立。

# 第七章 罚则

第一百零四条 自治职员有犯赃私及侵吞挪借款项者，除责令全数缴出外，仍按照律例治罪。

第一百零五条 自治职员有不受该管地方官监督者，应由地方官详请该管上司，核准办理。

第一百零六条 自治职员有以自治为名，干预自治范围以外之事者，城镇乡议事会各员及城镇董事会名誉董事，于会议时停止其到会三日以上，十日以下，城镇董事会总董、董事及乡董、乡佐，停止其薪水半月以上，二月以下，其情节重者，均除名。

# 第八章 文书程序

第一百零七条 城镇乡议事会、城镇董事会及乡董行文该管地方官，用呈，彼此互相行文，及与府厅州县议事会、董事会互相行文，均用知会，地方官行文城镇乡议事会、城镇董事会及乡董，用谕，城镇乡议事会、城镇董事会及乡董，行文本省咨议局，用呈，本省咨议局行文，用知会。

第一百零八条 城镇乡议事会、城镇董事会及乡董，各备木质图记，由督抚核定式样，通行各该管地方官刊发，仍由地方官申报上司立案。

# 第九章 附条

第一百零九条 本章程施行之期，遵照钦定逐年筹备事宜清单办理。

第一百零十条 本章程内所定应由府厅州县议事会、董事会办理之件，在府厅州县议事会、董事会未经成立以前，由各该地方官代办。

第一百十一条 本章程如有增删修改之处，得由议事会拟具条议，呈送本省咨议局，由咨议局审查后，呈请督抚咨送民政部核议，奏明修改。

第一百十二条 本章程施行细则，由督抚酌定，仍咨报民政部存案。

# 附录二 《广州市暂行条例》（1921 年）<sup>①</sup>

## 第一章 市行政区域

第一条 广州市暂行条例适用于广州市全部。

广州市全部区域以市区测量委员会所测绘之图为准。市区测量委员会由省长组织之。

第二条 广州行政区域得应时势之要求由省政府特许扩张之，惟已划入之广州市之地域不得脱离广州市区建立第二独立市。

第三条 广州市为地方行政区域直接隶属省政府，不入县行政范围。

## 第二章 市行政范围

第四条 市行政范围包含下列各事：

　　（一）市财政及市公馈；

　　（二）市街道、沟濠、桥梁建筑及其他关于土木工程事项；

　　（三）市公共卫生及公共娱乐事项；

---

① 广州市地方志编纂委员会：《广州市志》（卷末），广州：广州出版社，2000年，第127-131页。

（四）市公安及消防火灾水患事项；

（五）教育、风纪及慈善事项；

（六）市交通、电力、电话、自来水、煤气及其他公用事业之经营及取缔；

（七）市公产之管理及处分；

（八）市户口调查事项；

（九）中央政府及省政府委托办理事项。

第五条　市行政事项如与国家行政或省行政有重复或相抵触时，当随时停止以待依法解决。

第六条　为办理第四条之各事项，市政府得征求市参事会之同意随时增设特别机关以管理之。

# 第三章　市行政组织及其职权

第七条　市行政事务由市行政委员会议决执行之。

第八条　市行政委员会对于市参事会议决有异时，得交参事会复议。如参事会仍执前议，市行政委员会应执行之。

第九条　市行政委员会由市长及各局局长组织之。

第十条　市行政委员会会议及办事细则由该会自定之。

第十一条　市长由市民选举之。

于本暂行条例未修改以前，由省长委任任期五年。

第十二条　市长综理全市行政事务，为市行政委员会主席。

第十三条　市行政事务得设下列各局专管之：

（一）财政局；

（二）工务局；

（三）公安局；

（四）卫生局；

（五）公用局；

（六）教育局；

第十四条 每局设局长一人，由市长荐请省行政长委任。

第十五条 财政局掌理下列事务：

（一）征收市税项；

（二）管理市公产；

（三）经理市公债；

（四）收支市公款；

（五）估计民产价值；

（六）其他关于市财政事项。

第十六条 工务局掌理下列事务：

（一）规划新市街；

（二）建筑及修理道路、桥梁、濠沟、水道；

（三）取缔各种楼房建筑；

（四）测量全市公有及私有土地；

（五）经理公园并各种公共建筑；

（六）其他关于土木工程事项。

第十七条 公安局掌理下列事务：

（一）管理市警察行政；

（二）编练市消防队；

（三）编练市民自卫团；

（四）取缔不规则营业并维持市民风纪；

（五）其他关于公安事项。

第十八条 卫生局掌管下列事务：

（一）清除市街垃圾；

（二）管理公立市场、屠场、浴场及取缔酒楼、食馆、戏院、厕所；

（三）管理市民生死婚嫁注册及办理户口调查；

（四）取缔医生及药房之营业并监督私立病院；

（五）管理市立检疫所及各种传染症病院、疯狂院；

（六）其他关于公共卫生事项。

第十九条　公用局管理下列事务：

（一）经营监督电话、电力、电车、自来水、煤气及其他公用事业；

（二）关于现有商办公用事业之收回及其管理；

（三）取缔自动车、马车、人力车、肩舆及省河船户、横水渡；

（四）关于其他属于公用性质之各种事业。

第二十条　教育局掌理下列事务

（一）管理市立各学校及感化院；

（二）监督市内开设之私立学校；

（三）取缔各种戏院及公共娱乐场；

（四）经营市立慈善事业并监督各私立慈善机关。

第二十一条　各局组织及办事细则由市行政委员会定之。

第二十二条　设秘书二人，承市长之命掌理机要事务及核阅文稿。

第二十三条　设总务科直接隶属于市长，其科长由市长委任。

第二十四条　总务科掌理下列事务：

（一）主管文牍及保存档案事项；

（二）编辑印刷市政公报并各种市立条例及报告；

（三）管理庶务及收发事项；

（四）其他事务之不属于各局专管者。

第二十五条　总务科办事细则由市长定之。

第二十六条　市行政上级职员薪俸如下：

市长每月五百元。

局长每月四百元。

其他职员薪水由市行政委员会定之。

# 第四章 市参事会

第二十七条 市参事会为代表市民辅助行政之代议机关。

第二十八条 市参事会有下列各职权:

（一）议决市民请愿案咨送市行政委员会办理之；

（二）议决市行政委员会送交案件；

（三）事查市行政各司办理成绩。

第二十九条 市参事会与行政委员会间权限上之争执由省长裁决之。

第三十条 市参事会以下列三种会员组织之:

（一）由省长指派市民十人；

（二）由全市市民直接选举代表十人；

（三）由商工两界各分选代表三人，教育、医生、律师、工程师各界各选出代表一人。

第三十一条 市参事员任期一年，得为无限制连任。

第三十二条 第一届市参事会于本暂行条例苑行后三个月内组织之。

第三十三条 参事员同时不得为行政职员。

第三十四条 参事员任内因事故不能履行职务时，得依法选举新参事员递补之。

第三十五条 市参事会主席由该会选定之。

第三十六条 市参事会会议规则由该会自定之。

第三十七条 市参事会每月开会一次。如遇有特别事项，得由参事会主席经参事员十人之同意随时召集之。

第三十八条 市参事员应领年金五百元，由财政局支给。

# 第五章 市选举

第三十九条 市选举每年一度举行，以选出民选之参议员。

第四十条 凡市民满二十一岁并具下列资格者得有选举及被选举权：

（一）居住广州市一年以上者；

（二）有正当职业者；

（三）能通读本暂行条例文者；

（四）无神经病者；

（五）公权未经褫夺者。

第四十一条 市选举由选举委员会办理监督之。

市选举委员会由省长委任市民五人组织之，其组织章程另定。

第四十二条 市选举细则由市选举委员会定之。

第四十三条 第一种参事员名额每年递减二名，其缺额由市民选举补充之，自市政施行后五年第一种参事会全数由市民选举之。

第四十四条 每届选举于前届参事会任满前一个月举行之。

第四十五条 第三种参事员由下列各机关举出之：

（一）商界代表三人由总会选举之；

（二）工界代表三人由各工界团体联合选举之；

（三）教育界代表一人由教育会选举之；

（四）律师代表一人由律师工会选举之；

（五）医生代表一人由医界团体选举之；

（六）工程代表一人由工程师会选举之。

# 第六章 市财政

第四十六条 市行政委员会得征收下列各种税捐：

（一）房屋税；

（二）省业税；

（三）码头租；

（四）船牌捐；

（五）车牌捐；

（六）省政府特许征收之附加税及其他捐项。

第四十七条 市行政委员得募集市公债，其额数由省长批准之。

第四十八条 每日之市收入支出经市行政委员会公布，由市参事会审核之。

第四十九条 因遇政变或特别灾害收入不敷支出时，市行政经费得由省长政府补助之。

# 第七章

第五十条 设审计处办理审计事项。

第五十一条 审计处处长于本暂行条例未修改以前，由省长委任任期一年，但得连任。审计处处长须具会计学专门学识或相当经验者。

审计处处长月薪四百元。

第五十二条 审计处有下列各职务：

（一）审查市财政收支之每月清册及检核各种收支单据；

（二）审查市行政委员会所订立有财政上关系之各种契约合同；

（三）献议关于市财政会计方式之改良；

（四）编造每年市财政审计报告书呈报省长。

第五十三条　审计处与市财政委员会间之争执问题由省长裁决之。

第五十四条　审计处处长承市行政委员会或市参事会之邀请，得列席市行政委员会会议或市参事会会议，但无表决权。

第五十五条　审计处组织章程及办事细则另订之。

## 第八章　附则

第五十六条　本暂行条例由省长颁行之。

第五十七条　本暂行条例于施行五年后，得由省长组织市制修订委员会修改，由省议会议决之。

# 附录三 《特别市组织法》（1928 年）①

（民国十七年六月二十日中央政治会议第 145 次会议通过）

1928 年 6 月 20 日

## 第一章 总则

第一条 特别市直辖于国民政府，不入省、县行政范围。

第二条 特别市冠以所在地名，称某特别市。

第三条 左列都市得依国民政府之特许建为特别市：

（一）中华民国京都；

（二）人口百万以上之都市；

（三）其他有特殊情形之都市。

第四条 特别市区域之划定、变更及扩大，由特别市政府呈请国民政府核定之。

已划入特别市之地域，不得脱离本市以建立他市。

---

① 屈武：《国民党政府政治制度档案史料选编》（下），合肥：安徽教育出版社，1994 年，第 303-308 页。

## 第二章　特别市职务

第五条　特别市（于）不抵触中央法令范围以内，办理左列事项：

　　（一）市财政事项；

　　（二）市公产之管理及处分事项；

　　（三）市土地事项；

　　（四）市农、工、商业之调查、统计、奖励、取缔事项；

　　（五）市劳动行政事项；

　　（六）市公益、慈善事项；

　　（七）市街道、沟渠、堤岸、桥梁、建筑及其他土木工程事项；

　　（八）市内公私建筑之取缔事项；

　　（九）市河道、港务及船政管理事项；

　　（十）市交通、电气、电话、自来水、煤气及其他公用事业之经营、取缔事项；

　　（十一）市公安、消防及户口统计等事项；

　　（十二）市公共卫生及医院、菜市、屠宰场、公共娱乐场所之设置、取缔等事项；

　　（十三）市教育、文化、风纪事项。

在第三条 第一款之特别市，关于市内公安事项，得由国民政府另以法令定其管辖。

第六条　特别市区域内之国家行政事务，中央不直接办理时，得委托特别市政府办理之。

## 第三章　特别市政府组织及权限

第七条　特别市设置特别市政府，依中国国民党党义及中央法令，综理全市行政事务。

第八条 特别市政府于不抵触中央法令范围内，对于全市行政事项，得发布命令及单行规则。

第九条 特别市政府设市长一人，由国民政府任命之，指导并监督特别市政府所属职员。

特别市市长为简任职。

第十条 特别市政府设左列各局，分掌市行政事务：

（一）财政局：第五条第一项第一款、第二款所包含之一切财政事项属之；

（二）土地局：第五条第一项第三款之一切土地事项属之；

（三）社会局：第五条第一项第四款至第六款所包含之一切农、工、商、公益等事项属之；

（四）工务局：第五条第一项第七款至第十款之一切工程及其他公共事业属之；

（五）公安局：第五条第一项第十一款之一切公安事项属之；

（六）卫生局：第五条第一项第十二款之一切卫生事项属之；

（七）教育局：第五条第一项第十三款之一切教育、文化、风纪事项属之。

特别市政府因特殊情势得设港务局，专理第五条第一项第九款事宜；得设公用局；专理第五条第一项第十款事宜。

第十一条 特别市攻府各局各设局长一人。由特别市市长呈请国民政府任命之。

国民政府为前项任命前，得将特别市市长所拟人选发交主管各部、院及建设委员会审议。

局长为荐任职或简任职。

第十二条 特别市政府设秘书处，掌理文牍、庶务及其他不属于各局专管事项。

秘书处设秘书长一人，由特别市市长呈请国民政府任命之。

秘书长为荐任职或简任职。

第十三条 特别市政府得设置参事二人至四人，由特别市市长呈请国民政府任免之，辅佐市长掌理关于法令起草、审议及市政府设计之事项。

参事为荐任职或简任职。

第十四条 特别市政府依事务之需要，得聘用专门技术人员。

第十五条 特别市政府关于特殊事项之调查或研究，得由市长聘任专家组织临时委员会。

第十六条 特别市政府设市政会议，由市长、秘书长、参事、各局长组织之。

第十七条 左列事项应经市政会议议决：

（一）关于秘书处与各局之组织细则事项；

（二）关于市单行规则事项；

（三）关于市预算、决算事项；

（四）关于新设税捐、募集市债及公共事业之经营事项；

（五）关于市政府各局、处间权限争议事项。

市长认为有必要时，得将其他事项提交市政府会议审议。

第十八条 前条第一项第一款所指之细则，应由市长呈请国民政府核准备案。

第十九条 市政府会议开会时，以市长为主席。

第二十条 凡设有第四章规定之参议会之特别市，由参议会选举代表四人，加入市政会议，任期二年，每年改选半数。

前项代表之被选者，不以参议会议员为限。

第二十一条 市政会议随时由市长召集，但至少每月开会一次。

市政会议之议事细则，由该会议定之。


# 第四章 特别市参议会

第二十二条 特别市得设立以市民代表组成之参议会，（参议会议员）任期二年，每年改选半数。

前项参议会得于特别市成立一年后，由国民政府斟酌市政府设施情形核准设立。

第二十三条 特别市参议会之选举法另定之。

第二十四条 第十七条第一项第一款至第四款事项，于经市政会议议决前，应交特别市参议会审议。

第二十五条 特别市参议会关于市政兴革事项，得提出建议案于市长。

第二十六条 特别市参议会推举议长、副议长各一人，任期一年。

第二十七条 特别市参议会每年开常会两次，每次会期以一月为限。

前项常会经参议会议员过半数之同意或市长认为有必要时，得延长之，但不得过十五日。

市长于必要时得召集参议会特别会议。

第二十八条 特别市参议会之议事细则，由该会另定之。

第二十九条 特别市参议会得依全体议员半数以上之同意，将该会通过之议案请求市长交付市民复决，此项请求如被市长拒绝，参议会得请求国民政府裁决之。

关于前项复决之程序另定之。

第三十条特别市参议会认为市长违法失职时，得依全体议员三分二以上之同意，向国民政府请求罢免。


# 第五章 特别市财政


第三十一条 左列各款为特别市收入，由特别市政府征收之：

（一）土地税；

（二）土地增价税；

（三）房捐；

（四）营业税；

（五）牌照税；

（六）码头税；

（七）广告税；

（八）市公产收入；

（九）市营业收入；

（十）其他法令特许征收之税捐。

第三十二条　特别市政府于前条各项税捐外，新设税须经国民政府核准。

第三十三条　特别市于必要时，得募集市债；但须经国民政府核准。

第三十四条　特别市之会计，依《审计法》，受审计分院之监督｝但第三条第一项第一款所指之特别市，应受审计院之监督。

## 第六章  特别市监督

第三十五条　国民政府各行政部、院及建设委员会，于其主管事务，对于特别市之命令或处分，认为违背法令或逾越权限者，得呈请国民政府停止、撤销或变更之。

第三十六条　特别市政府怠于履行其法定职务时，国民政府各行政部、院及建设委员会得呈请国民政府纠正之。

第三十七条　国民政府主管各行政部、院及建设委员会认为特别市各局局长有溺职情形时，得呈请国民政府罢免之。

第三十八条　特别市政府与省政府发生争议时，由国民政府裁决之。

## 第七章  附则

第三十九条　本法自公布日施行。

各特别市在本法公布前成立者，应于本法公布后两个月内遵照本法改组。

# 附录四 《市组织法》（1928 年）<sup>①</sup>

（民国十七年七月三日国民政府公布）

1928 年 7 月 3 日

## 第一章 总则

第一条 市直隶于省政府，不入县行政范围。

第二条 市冠以所在地名，称某市。

第三条 凡人口满二十万之都市，得依所属省政府之呈请暨国民政府之特许建为市。

第四条 市区域之划定、变更及扩大，由市政府呈请省政府核定之。

第五条 本法不适用于特别市。

已划入市之地域，不得脱离本市以建立他市。

## 第二章 市之职务

第六条 市于不抵触中央及省政府法令范围之内，办理左列事项：

---

① 屈武：《国民党政府政治制度档案史料选编》（下），合肥：安徽教育出版社，1994 年，第 498—503 页。

（一）市政事项；

（二）市公产之管理及处分事项；

（三）市土地事项；

（四）市农、工、商业之调查、统计、奖励、取缔事项；

（五）市劳动行政事项；

（六）市公益、慈善事项；

（七）市街道、沟渠、堤岸、桥梁、建筑及其他土木工程事项；

（八）市河道、港务及船政管理事项；

（九）市交通、电气、电话、自来水、煤气及其他公营事业之经营、取缔事项；

（十）市内公、私建筑之取缔事项；

（十一）市公安、消防及户口统计等事项；

（十二）市公共卫生及医院、菜市、屠宰场、公共娱乐场所之设置、取缔等事项；

（十三）市教育、文化、风纪事项。

第七条　市区域内之国家行政事务，中央不直接办理时，得委托市政府办理之。

市区域内之省行政事务，省政府不直接办理时，得委托市政府办理之。

## 第三章　市政府组织及权限

第八条　市设市政府，依中国国民党党义及中央与省法令，综理全市行政事务。

第九条　市政府（于）不抵触中央及省法令范围内，对于全市行政事项，得发布命令及单行规则。

第十条　市设市长一人，由省政府呈请国民政府任命之，指挥并监督所属职员。

市长为荐任职。

第十一条 市政府设财政局、土地局、社会局、工务局、公安局，于必要时，市政府得增设卫生局、教育局、港务局。

第十二条 市政府各局分掌左列事项：

（一）财政局：第六条第一款、第二款所包含之一切财政事项属之；

（二）社会局：第六条第四款至第六款所包含之一切土地、工、商、公益等事项属之；

（三）工务局：第六条第七款至第十款之一切工程及其他公共事业属之；

（四）公安局：第六条第十一款之一切公安事项属之；

（五）土地局：第六条第三款之一切土地事项属之；

（六）卫生局：第六条第十二款之一切卫生事项属之；

（七）教育局：第六条第十三款之一切教育、文化、风纪事项属之；

（八）港务局：第六条第八款之一切河道、港务及船政事项属之。

第十三条 在未设卫生局之市，第六条第十二款之事项，由公安局掌理之。

在未设教育局之市，第六条第十三款之事项，由社会局掌理之。

在未设港务局之市，第六条第十款之事项，由工务局掌理之。

第十四条 市政府各局设局长一人，由市长呈请省政府任命之。

局长准受荐任职待遇。

第十五条 市政府设秘书处，掌理文牍、庶务及其他不属于各局专管事项。

秘书处设秘书长一人，由市长呈请省政府任命之。

秘书长准受荐任职待遇。

第十六条 市政府得置参事二人，由市长呈请省政府任命之，辅助市长掌理关于法令起草、审议及市政设计之事项。

参事准受荐任职待遇。

第十七条　市政府依事务上之需要，得聘用专门技术人员。

第十八条　市政府关于特殊事项之调查或研究，得由市长聘任专家组织临时委员会。

第十九条　市政府设市政会议，由市长、秘书长、参事、各局局长组织之。

第二十条　左列事项应经市政会议议决：

（一）关于秘书处与各局之组织细则事项；

（二）关于市单行规则事项；

（三）关于市预算、决算事项；

（四）关于新课税捐、募集市债及公共事业之经营事项；

（五）关于市政府各局、处间权限争议事项。

市长认为必要时，得将其他事项提交市政会议审议。

第二十一条　前条第一项第一款所指之细则，应由市长呈请省政府核准备案。

第二十二条　市政会议开会时，以市长为主席。

第二十三条　凡设有第四章规定之参议会之市，由参议会选举代表四人加入市政会议，任期二年，每年改选半数。

前项代表被选者，不以参议会议员为限。

第二十四条　市政会议随时由市长召集，但至少每月开会一次。市政会（议）之议事细则，由该会另定之。


# 第四章　市参议会


第二十五条　市得设立以市民代表组成之参议会，任期二年，每年改选半数。

前项参议会得于市成立一年后，由省政府斟酌市政设施情形，呈请国民政府核准设立之。

第二十六条  市参议会之选举法另定之。

第二十七条  第二十条第一项第一款至第四款事项，于经市政会议议决前，应交市参议会审议。

第二十八条  市参议会关于市政兴革事项，得提出建议案于市长。

第二十九条  市参议会推举议长、副议长一人，任期一年。

第三十条  市参议会每年开常会两次，每次会期以一月为限。

前项常会经参议会议员过半数之同意或市长认为有必要时，得延长之，但不得过十五日。

市长于必要时得召集参议会特别会议。

第三十一条  市参议会之议事细则，由该会另定之。

第三十二条  市参议会得于全体议员过半数以上之同意，将该会通过之议案请求市长交付市民复决。

此项请求如被市长拒绝，参议会得请求省政府裁决之。

关于前项复决之程序另定之。

第三十三条  市参议会认为市长违法失职时，得依全体议员三分之二以上之同意，向省政府、国民政府请求罢免。


# 第五章  市财政

第三十四条  左列各款定为市收入，由市政府征收之：

（一）土地税；

（二）土地增价税；

（三）房捐；

（四）营业税；

（五）牌照税；

（六）码头税；

（七）广告税；

（八）市公产收入；

（九）市营业收入；

（十）其他法令特许征收之税捐。

第三十五条　市政府于前条各项税捐之外新设税捐，须经省政府核准。

第三十六条　市政府于必要时得募集市债；但须经省政府之核准。

第三十七条　市政府之会计，依审计法，受审计分院之监督。


# 第六章　市之监督

第三十八条　省政府各厅厅长及大学区校长于其主管事务对于市政府之命令或处分、认为违背法令或逾越权限者，得呈请省政府停止、撤销或变更之。

第三十九条　市政府怠于履行其法定职务时，省政府各厅厅长及大学区校长得呈请省政府纠正之。

第四十条　市政府与县政府发生争议时，由省政府裁决之。


# 第七章　附则

第四十一条　本法于各特别区置市时准用之。

第四十二条　本法自公布日施行。

在本法公布以前成立之市，应于本法公布后两个月内遵照本法改组。

# 附录五 《市组织法》（1930 年）①

（民国十九年五月二十日国民政府公布，同日施行）

1930 年 5 月 20 日

## 第一章 总则

第一条 市冠以所在地地名，称为某某市。

第二条 凡人民聚居地方，具有左列情形之一者设市，得直隶于行政院：

（一）首都；

（二）人口在百万以上者；

（三）在政治上、经济上有特殊情形者。

具有前项（二）（三）两款情形之一而为省政府所在地者，应隶属于省政府。

第三条 凡人民聚居地方，具有左列情形之一者设市，隶属于省政府：

（一）人口在三十万以上者；

（二）人口在二十万以上，其所收营业税、牌照税、土地税每年合计占该地总收入二分之一以上者。

第四条 市区域之划定或变更，依左列之规定：

（一）隶属于行政院之市，由行政院转请国民政府决定；

---

① 屈武：《国民党政府政治制度档案史料选编》（下），合肥：安徽教育出版社，1994 年，第 507—524 页。

（二）隶属于省政府之市，由省政府呈经行政院转请国民政府决定。

第五条　市划分为区、坊、闾、邻，除有特殊情形者外，邻以五户、闾以五邻、坊以二十闾、区以十坊为限。

前项区、坊、闾、邻均各冠以第一、第二等次序。

第六条　中华民国人民无论男女，在市区域内居住一年以上或有住所达二年以上、年满二十岁、经宣誓登记后，为各该市之公民，有出席区民大会、坊民大会及行使选举、罢免、创制、复决之权。

有左列情事之一者，不得享有前项所定之权：

（一）有反革命行为、经判决确定者；

（二）贪官污吏、土豪劣绅、经判决确定者；

（三）褫夺公权、尚未复权者；

（四）禁治产者；

（五）吸食鸦片或其代用品者。

市公民在该市区域内，无论迁入任何区坊，自登记移转之日起，均有公民权。

第七条　宣誓须亲自签名于誓词，赴坊公所举行宣誓典礼，由区公所派员监誓，其誓词如左：

〇〇〇正心诚意当众宣誓：从此去旧更新，自立为国民，尽忠竭力拥护中华民国，实行三民主义，采用五权宪法，务使政治修明、人民安乐，措国基于永固，维世界之和平。此誓。中华民国　年　月　日　（签名）立誓。

在坊公所未成立时，前项宣誓典礼于区公所举行之。

## 第二章　市职务

第八条　市于不抵触中央及上级机关法令范围以内，办理左列事项：

（一）户口调查及人事登记事项；

（二）育幼、养老、济贫、救灾等设备事项；

（三）粮食储备及调节事项；

（四）农、工、商业之改良及保护事项；

（五）劳工行政事项；

（六）造林、垦牧、渔猎之保护及取缔事项；

（七）民营、公用事业监督事项；

（八）合作社及互助事业之组织及指导事项；

（九）风俗改良事项；

（十）教育及其他文化事项；

（十一）公安事项；

（十二）消防事项；

（十三）公共卫生事项；

（十四）医院、菜市、屠宰场及公共娱乐场所之设置及取缔等事项；

（十五）财政收支及预算、决算编造事项；

（十六）公产之管理及处分事项；

（十七）公营业之经营、管理事项；

（十八）土地行政事项；

（十九）公用房屋、公园、公共体育场、公共墓地等建筑、修理事项；

（二十）市民建筑之指导、取缔事项；

（二一）道路、桥梁、沟渠，堤岸及其他公共、土木工程事项；

（二二）河道、港务及船政管理事项；

（二三）上级机关委办事项；

（二四）其他依法令所定由市办理事项。

## 第三章 市财政

第九条 左列各款定为市财政收入；

（一）土地税；

（二）房捐；

（三）营业税；

（四）牌照税；

（五）广告税；

（六）公产收入；

（七）公营业收入；

（八）其他依法规特许征收之税捐。

前项第一款、第二款收入、法律别有规定者，依其规定。

第十条 市得依法募集建设公债。

## 第四章 市政府

第十一条 市设市政府，依法令掌理本市行政事务、监督所属机关及自治团体。

第十二条 市于不抵触法令范围内，得发布市令，制定市单行规则。

第十三条 市政府设市长一人，指挥、监督所属职员，隶属于行政院之市，市长简任，隶属于省政府之市，市长简任或荐任。

第十四条 市政府设左列各局：

（一）社会局：掌理第八条第一款至第十款事项；

（二）公安局：掌理第八条第十一款至第十四款事项；

（三）财政局：掌理第八条第十五款至第十八款事项；

（四）工务局：掌理第八条第十九款至第二十二款事项。

第十五条 市政府于必要时，经上级机关之核准，得分别增设左列各局：

（一）教育局：掌理条八条第十款事项；

（二）卫生局：掌理第八条第十三款、第十四款事项；

（三）土地局：掌理第八条第十八款事项；

（四）公用局：掌理第八条第七款及第十七款事项；

（五）港务局：掌理第八条第二十二款事项。

第十六条 首都及省政府所在地之市，均不设公安局，关于公安局掌理事项，分别由首都警察厅或省会警察机关掌理之。

第十七条 隶属于省政府之市，应设各局如有缩小范围之必要时，除公安局外，得改为科。

第十八条 隶属于行政院之市，各局设局长一人，简任或荐任。

隶属于省政府之市，各局或各科设局长或科长一人，荐任或委任。

第十九条 市政府设秘书处，掌理文牍，庶务及其他不属于各局或各科掌理事项。

市长简任之市，设秘书长一人，简任或荐任，市长荐任之市，设秘书一人，荐任或委任。

第二十条 市政府得设参事二人，简任或荐任，掌理市单行规则或命令之撰拟、审查事项。

第二十一条 各局或各科及秘书处之职员名额，除本法已有规定者外，应规定于各该市政府组织规则中，其组织规则由上级机关核定之。

第二十二条 市政府因事务之需要，得聘用专门技术人员，

第二十三条 市政府得酌用雇员。

# 第五章 市政会议

第二十四条 市政府设市政会议，以左列人员组织之：

  （一）市长；

  （二）参事；

  （三）局长或科长。

市参议会成立后，得由市参议员互选代表三人至五人出席市政会议。

秘书长或秘书应列席市政会议。

第二十五条　左列事项应经市政会议议决：

  （一）关于秘书处及各局或各科办事细则事项；

  （二）关于市单行规则事项；

  （三）关于市预算、决算事项；

  （四）关于整理市财政收入及募集市公债事项；

  （五）关于经营市公产收益及公营业事项；

  （六）关于市政府各处、局或科职权争议事项；

  （七）市长交议事项；

  （八）其他重要事项。

第二十六条　市政会议每月至少开会一次，由市长召集之，以市长为主席。

第二十七条　市府会议议事细则由该会议定之。

# 第六章　市参议会

第二十八条　市设市参议会，由市公民选举之参议员组织之，任期三年，每年改选三分之一。

市参议员为无给职。

市参议会组织法及市参议员选举法另定之。

第二十九条　市参议会于区长民选时设立之。

第三十条　关于第二十五条第二款至第五款及第八款事项，应经市参议会议决，在市参议会闭会期间，除市单行规则、预算，决算及募集市公债外，得由市政会议议决执行，再交市参议会追认。

第三十一条  关于市政兴革事项，市政府得交议于市参议会，市参议会亦得建议于市政府。

第三十二条  市参议会设议长、副设长各一人，由市参议员互选之，任期一年，得再被选。

第三十三条  市参议会每年开常会两次，但经市参议员五分之一请求、或议长认为必要时，应召集临时会。

第三十四条  市参议会议事规则，由市参议会定之。

# 第七章  区民大会

第三十五条  区设区民大会，于内政部核准区长民选后举行之。

第三十六条  区民大会以本区之市公民出席投票，行使选举权、罢免权、创制权、复决权。

前项选举、罢免、创制、复决之程序另以法律定之.

第三十七条  区民大会于各坊分设会场同日举行。

第三十八条  区民大会每年举行一次，由区长召集之，如有特别事件，得召集临时大会。

前项临时大会关于区长应回避之事件，应由区民代表会之主席召集之。

第三十九条  区民大会规则由市政府定之。

第四十条  区民大会钤记由市政府之上级机关颁给之.

# 第八章  区公所

第四十一条  区设区公所，置区长一人，掌理区自治事务。

第四十二条　区公所办理左列事项：

（一）区民大会决定应办事项；

（二）区民代表大会议决交办事项；

（三）区预算、决算编制事项；

（四）区财政收支及公款、公产、公营业管理事项；

（五）市政府委托办理事项；

（六）其他法令所定应办事项。

第四十三条　左列各款定为区财政收入：

（一）区公款及公产之孳息；

（二）区公营业之纯利；

（三）依法赋与之自治款项；

（四）市补助金；

（五）其他经区民代表会议议决之收入。

第四十四条　区财政之收支应于每月终公布之。

第四十五条　区长由区民大会选举之，任期一年，得再被选。其中途被选者，以继满原任所余之任期为限。

区长选定后，应报由市政府汇呈上级机关备案。

区长违法失职时，由区民大会罢免之。

第四十六条　公民年满二十五岁、具有左列资格之一者，得为区长之候选人：

（一）候选公务员考试或普通考试、高等考试及格者；

（二）曾任中国国民党区党部执、监委员或各上级党部重要职员满一年者；

（三）曾在国民政府统属之机关任委任官一年或荐任官以上者；

（四）曾任小学以上教职员或在中学以上毕业者；

（五）经自治训练及格者；

（六）曾办地方公益事务著有成绩，经市政府呈请上级机关核定者；

（七）曾任区民代表会代表或坊长、坊监察委员一年以上者。

受国籍法第九条之限制尚未解除者，不得为前项之候选人。

第四十七条 前条候选人由区公所随时调查登记，并于每届选举前三月造具候选人表册呈报市政府，经市政府核定后，即行公布，其公布时期不得迟于选举前一个月。

候选人表册应分别载明候选人姓名、年龄、资格、住所及登记为市公民之时期。

第四十八条 有左列情事之一者，虽具有第四十六条第一项各款所列资格仍应停止当选：

（一）现役军人或警察；

（二）现任职官；

（三）僧道及其他宗教师。

第四十九条 在区长民选前隶属于行政院之市，区长由内政部委任之，隶属于省政府之市，区长由省政府委任之。

委任前项区长，准用第四十六条之规定，由市长提出人选。

第五十条 前条之委任区长违法失职时，市政府得请原委任机关罢免之。

委任区长违法失职、市政府不呈请罢免时，得由各该区过半数坊长联名具呈市政府及原任机关陈述必须罢免之理由。

第五十一条 委任区长应于一年内召集坊民大会，成立坊公所。

区由坊公所完全成立六个月后，由内政部派员视察情形，核准区长民选。

第五十二条 民选区长因事故不能执行职务时，其期间在二个月以内者，由所属各坊坊长互推一人代理之，在二个月以外者，除推定代理人外，并应改选。

第五十三条 区长改选后，旧任区长应将钤记、文卷、款产、契约及一切物件造册移交新任，新任接收后，应具接收册结报，并呈请市政府转报上级机关备案。

第五十四条 区长为无给职，但得给办公费。

前项办公费之额数，由区民代表会决定之。

第五十五条 区公所得用助理员辅助区长办理区务。

前项助理员由区长遴请市政府委任之。

第五十六条 公民具有左列资格之一者，得被遴为区助理员：

（一）公务员候选考试或普通考试及格者；

（二）经自治训练及格者；

（三）中学以上毕业或有相当程度者；

（四）专习法政一年以上、得有证书者；

（五）曾办自治事务一年以上确有成绩、明了党义者。

第五十七条 区助理员之名额及生活费，由区长呈请市政府核定之。但在区民代表会成立后，其呈请应根据区民代表会之决定。

第五十八条 区公所为缮写文件及办理其他事务，得酌用雇员。

第五十九条 区公所每届月终，应将所办事务列表呈报市政府。

第六十条 区公所办事规则由市政府定之。

第六十一条 区公所钤记由市政府之上级机关颁给之。

# 第九章 区民代表会

第六十二条 区于区长民选时，设区民代表会，由区民大会选举之代表组织之。

前项代表为无给职，每坊选举二人，每年改选二分之一，代表违法失职时，由各坊罢免之。

第六十三条 区民代表会设主席一人，由代表互选之。

第六十四条 区民代表会代表候选人资格，准用坊长候选人资格之规定。

第六十五条 区民代表会之职权如左：

（一）审核区预算、决算；

（二）审议市政府或区公所交议事项；

（三）审议所属坊公所提议事项；

（四）审议代表提议事项；

（五）其他应行审议事巩。

第六十六条 区民代表会开会时，应通知左列人员列席：

（一）区长；

（二）区监察委员；

（三）所属各坊坊长。

第六十七条 区民代表会每三个月开常会一次，如区长或主席认为必要或有代表三分之一以上请求时，应召集临时会。

前项常会及临时会由主席召集之，每次会议期间不得过十日。

第六十八条 区民代表会议事规则由该会定之。

第六十九条 区民代表会钤记由市政府之上级机关颁给之。

# 第十章 区监察委员

第七十条 区设区监察委员二人，于区民代表会闭会时行使监察职务，任期一年，得再被选。区监察委员由区民代表会于每年第一次开会时选举之，如有违法时，由区民代表会罢免之。

第七十一条 区监察委员遇有左列情事，应通知区民代表会主席召集区民代表会：

（一）区公所财政之收入有与预算不符或其他情弊；

（二）区公所对于区民大会或区民代表会之议决案执行不力；

（三）区长或区助理员有违法失职情事。

第七十二条 区监察委员得随时调查区公所之账目及款产事宜。

# 第十一章 坊民大会

第七十三条 坊设坊民大会，其职权如左：

　　（一）选举及罢免坊长及其他职员；

　　（二）议决坊单行规程；

　　（三）议决坊预算、决算；

　　（四）议决坊公所交议事项；

　　（五）议决所属各间、邻或公民提议事项。

第七十四条 坊民大会对于前条事项以出席公民过半数之同意决定之。

第七十五条 坊民大会由坊长召集之，每年开会二次，其第一次大会于坊长任满一个月前举行；如有特殊事件，得召集临时会。

前项临时会关于坊长应回避之事件，由坊监察委员会召集之；关于监察委员应回避之事件，坊长延不召集者，由该坊过半数之间氏联名召集之。

第七十七条 坊民大会会议规则，由市政府定之。

第七十八条 坊民大会图记，由市政府颁给之。

# 第十二章 坊公所

第七十九条 坊设坊公所，置坊长一人，掌理坊自治事务。

第八十条 坊公所办理左列事项：

　　（一）坊民大会议决主办事项；

　　（二）坊预算、决算编制事项；

（三）坊财政收支及公款、公产、公营业管理事项；

（四）市政府或区公所委托办理事项；

（五）其他依法令所定应办事项。

第八十一条 坊公所应附设调解委员会办理左列事项：

（一）民事调解事项；

（二）依法得撤回告诉之刑事调解事项。

第八十二条 前条调解委员会由坊民入会于本坊公民中选举调解委员若干人组织之，但坊长不得被选。调解委员会之组织规则及调解委员选举规则，由市政府定之。

调解委员违法失职时，坊监察委员会得先请坊公所停止其职务，再提交坊民大会罢免之。

第八十三条 坊公所设左列教育机关：

（一）小学及国民补习班；

（二）国民训练讲堂。

前项教育机关，得由各坊联合设立之。

第八十四条 坊公所应使达学龄之男女均受小学教育；十二岁以上之失学男女，在四年以内，均受国民补习班或国民训练讲堂一年半之教育。

前项国民补习班每星期至少应有十小时之课程，国民训练讲堂每星期至少应有四小时之讲演。其课程及讲演之主要科目如左：

（一）中国国民党党义；

（二）自治法规；

（三）世界及本国大势；

（四）本市详情。

第八十五条 坊公所于人民举行第七条规定之宣誓典礼后，除登记其为市公民外，应将誓词及公民名册呈报市政府备案。

前项登记在坊公所未成立时，由区公所办理之。

登记机关于市民登记后，发觉其有第六条第二项各款情事之一者，得呈请市政府取消其资格。

第八十六条　左列各款定为坊财政收入：

（一）坊公款及公产之孳息；

（二）坊公营业之纯利；

（三）依法赋与之自治款项；

（四）市补助金；

（五）其他经坊民大会议决之收入。

第八十七条　坊预算、决算，经坊民大会议决后，应报由区公所转呈市政府备案。

第八十八条　坊财政之收支应于每三个月终公布一次。

第八十九条　本坊公民年满二十五岁并具左列资格之一者，得为坊长候选人：

（一）候选公务员考试或普通考试、高等考试及格者；

（二）曾任中国国民党区分部以上委员或职员者；

（三）曾任国民政府统属之机关委任之上官职者；

（四）曾任小学教职员或在中学以上毕业者；

（五）经自治训练及格者；

（六）曾办地方公益事务、著有成绩、经区公所呈请市政府核定者。

受国籍法第九条之限制、尚未解除者，不得为前项候选人。

第九十条　前条候选人由坊公所随时调查登记并于每届选举二个月前造具候选人表册、报由区公所转呈市政府、经市政府核定后，即行公布。其公布时期不得迟于选举一个月。

候选人表册应分别载明候选人姓名、年龄、资格、住所及登记为市公民之时期。

第九十一条　有第四十八条各款情事之一者，虽具第八十九条第一项各款所列资格，仍应停止当选。

第九十二条　坊长任期一年，得再被选。其中途被选者，以继满原任所余之任期为限。

第九十三条　坊长因事故不能执行职务时，其期间在二个月以内者，由所属各闾长互推一人代理之，在二个月以外者，除推定代理人外，并应改选。

第九十四条　坊长应将任期内之经过情形报告坊民大会。

第九十五条　坊公所事务，得由坊长指定闾长襄助办理。

第九十六条　坊长于调解委员会办理第八十一条各款事项，不能调解时，应根据调解委员会之报告报由区公所转呈市政府并函报该管司法机关。

第九十二条　坊长改选后，旧任坊长应将图记、文卷、款产、契约及一切物件分别造册移交，新任接收后，应具接收册结报，由区公所转呈市政府备案。

第九十八条　坊长为无给职，但因情形之必要时，得支办公费。

前项办公费由坊民大会议定之。

第九十九条　坊公所为缮写文件或办理其他事务，得酌用雇员。

第一〇〇条　坊公所办事细则由区公所定之。

第一〇一条　坊公所图记由市政府颁给之。

# 第十三章　坊监察委员会

第一〇二条　坊设坊监察委员会，由坊民大会选举监察委员三人至五人组织之。

前项监察委员违法失职时，由坊民大会罢免之。

第一〇三条　坊监察委员会得设与监察委员同数之候补监察委员，以得票次多数者当选。

前项候补监察委员应列席坊监察委员会，监察委员缺额时，以候补监察委员补充之。

第一〇四　第八十九条至第九十一条之规定，于坊监察候选人准用之。

第一〇五条　坊监察委员之职权如左；

（一）监察坊财政；

（二）纠举坊长及其他职员违法失职情事。

第一〇六条 坊监察委员会每月开会一次，如有特别事件，得开临时会，均由主席召集之。

第一〇七条 坊监察委员会开会时，由各委员依当选次序轮充主席。

第一〇八条 坊监察委员会得随时调查坊公所之账目及款产事宜。

第一〇九条 坊财政之收支及事务之执行有不当时，坊监察委员会得随时呈请区公所纠正之。

第一一〇条 坊监察委员会纠举坊长违法失职情事，得自行召集坊民大会。

第一一一条 坊监察委员会应设于坊公所所在地。

第一一二条 坊监察委员会经费，由坊公所支出之。

第一一三条 监察委员及候补监察委员任期一年，得再被选。

第一一四条 坊监察委员会委员不足法定人数，无可补充时，由坊民大会补选之。

第一一五条 补充或补选之监察委员，以继满原任所余之任期为限。

第一一六条 现任坊自治职员不得当选为监察委员或候补监察委员。

第一一七条 监察委员为无给职。

第一一八条 坊监察委员会会议规则及办事规则，由该委员会定之。

第一一九条 坊监察委员会图记，由市政府颁给之。


# 第十四章 闾邻


第一二〇条 闾、邻经第一次编定后，闾增至超过三十五户、减至不满十五户或邻增至超过七户、减至不满三户时，应由坊公所长每年闾长或邻长任满一个月前改编之。

闾、邻改编后，应由坊公所报由区公所转呈市政府备案。

第一二一条 闾、邻各设居民会议。

前项居民会议，闾、邻居民无论男女、在市区域内继续居住六个月以上或有住所达一年以上、年满二十岁，除有第六条第二项各款情事之一者外，均有出席资格。

第一二二条 闾、邻居民会议，须有过半数居民出席，其决议须有过半数出席居民同意。

前项居民会议，以各该闾、邻之闾长或邻长为主席。但关于闾长、邻长应回避之事件，其主席由出席居民推定之。

第一二三条 闾、邻居民会议，分别由闾长、邻长召集之，如有十五户以上之要求，闾长应召集本闾居民会议，有三户以上主要求，邻长应召集本邻居民会议。

本法施行之后，第一次各闾居民会议，由坊长召集之，以坊长为主席，第一次各邻居民会议，由闾长召集之，以闾长为主席。

第一二四条 闾长不能召集居民会议时，由坊长召集之，邻长不能召集居民会议时，由闾长召集之。

前项闾、邻居民会议，以召集人为主席。

第一二五条 闾、邻有需用经费之必要时，由闾、邻居民会议决定筹集之。

第一二六条 闾设闾长一人，承坊长之命，办理闾自治事务，邻设邻长一人，承闾长之命办理坊[邻]自治事务。

第一二七条 闾长、邻长分别由闾、邻居民会议选举之。

第一二八条 闾长选举，由坊长监督之，邻长选举，由闾长承坊长之命监督之。

第一二九 闾长选举日期，由坊长决定之，邻长选举日期，由闾长报请坊长决定之。

前项选举日期，坊长除于五日前公布外，并报由区公所转呈之政府察核。

第一三〇条 闾、邻居民会议开会时，应置居民姓名簿，由出席者签一到字或符号于其姓名之下。

第一三一条 闾长选定后，由本邻居民会议主席报告坊公所，邻长选定后，由本邻居民会议主席报告闾长转报坊公所，统由坊公所汇请区公所转呈市政府备案。

第一三二条　闾长、邻长之职务如左：

（一）办理法令范围内一切自治事务；

（二）办理市政府、区公所及坊公所交办事务。

前项第一款事务，闾长，邻长应分别提由闾、邻居民会议决定之。

第一三三条　闾长应将办理事务之经过情形报告本居民会议及坊公所。

第一三四条　闾长应将经费收支报告于本闾居民会议及坊公所，邻长应将经费收支报告于本邻会议及闾长。

前项收支除报告外，每半年应公布一次。

第一三五条　闾长、邻长任期一年，得被再选。

第一三六条　闾长违法失职时，由本闾居民三分之一纠举、经居民会议过半数之同意，即应罢免，邻长违法失职时，由本邻居民三分之一纠举、经居民会议过半数之同意，即应罢免。

第一三七条　闾、邻居民会议细则由市政府定之。

第一三八条　闾、邻图记由坊公所颁给之。


# 第十五章　附则


第一三九条　市政府于本法施行后三个月内，依第五条之规定，分划其市为若干区、坊、闾、邻，并分别呈报上级机关。

委任区长之机关接到前项呈报，均应于一个月内依第四十九条之规定，委任各该市之区长。

第一四〇条　各市区长就职后，应于三个月内分坊办理人民宣誓、户口调查及人事登记。

前项户口调查及人事登记之程序、表格，由内政部定之。

第一四一条 内政部于各市区长民选一年后，应据各该市之上级机关册报考核其户口、土地、警卫、道路及人民使用四权情形，有合于建国大纲第八条规定完全自治县之程度者，准其成为完全自治市。

第一四二条 区及坊财政之收入不敷支出时，得汇造预算呈请市政府补助之。

第一四三条 区民大会、区公所及区民代表会之钤记，坊民大会、坊公所、坊监察委员会及闾、邻之图记，其文、质、形式、大小均由内政部定之。

第一四四条 本法施行期间，以市自治完成之日为限。

第一一四五条 本法自公布日施行。

# 附录六 《省市县勘界条例》（1930年）①

（民国十九年五月三十一日国民政府令准，同年六月十二日内部公布）

1930 年 6 月 12 日

第一条　各省、市，县行政区域，如因界域不清，或因变更编制，须新定界线时，依本条例勘议审定之。

第二条　省、市、县行政区域之编制，依左列原则：

一、土地之天然形势；

二、行政管理之便利；

三、工商业状况；

四、户数与人口；

五、交通状况；

六，建设计划；

七、其他特殊情形。

第三条　省、市、县行政区域界线之划分，除有特殊情形外，依左列标准：

一、山脉之分水线；

二、道路河川之中心线；

三、有永久性之关隘、堤塘、桥梁及其他坚固建筑切可以为界线者。

---

① 屈武：《国民党政府政治制度档案史料选编》（下），合肥：安徽教育出版社，1994 年，第 316—317 页。

第四条 各省、市、县行政区域，在本条例公布以前，如早经明白确定界线，从未发生争执及有如何不便利者，应维持其固有区域界线。

第五条 固有省、市、县行政区域，如确系旧界太不显明，因而发生争议时，得重行勘划，依本条例第二条规定各款原则，议定新界线。

第六条 新设之省、市、县行政区域。除有明文规定界线外。应依本条例第二条规定各款原则，勘议界线。

第七条 固有县行政区域，遇有下列情事之一者，于必要时，得变更编制，重行勘议界线：

一、因省或市行政区域之变更，必须裁并或改置时；

二、固有区域与天然形势抵触过甚，有碍交通时；

三、固有区域；太不整齐，如插花地、飞地、嵌地及其他犬牙交错之地，实于行政管理上甚不便利时；

四、固有区域或狭、或畸，与县治距离太远，或交通甚不便利时；

五、面积过于狭小或过于广大时，

六、户口过于稀少或过于繁密时；

七、地方经济力与邻近各县相差过甚时；

八、警卫之支配及自治区域之划分，甚不适宜时；

九、有其他特殊情形时。

第八条 省或隶属于行政院之市，其行政区域，如须新定界线时，应由关系各省、市政府委派专员，实地履勘后，再议定界线，连同图说，咨由内政部核呈行政院，转呈国民政府核定，于必要时，得由内政部派员会同勘议。

第九条 县或隶属于省政府之市，其行政区域，如须新定界线时，应由民政厅委派专员，会同关系各市、县政府，实地履勘后，再议定界线，连同图说，呈请省政府核定，咨由内政部核呈行政院备案。

第十条 勘划省、市、县行政区域界线，遇有关系国界时，除依前二条之规定外，于必要时，得由外交部加派熟悉边务人员会同办理。

第十一条 省、市、县行政区域，无论旧界、新界，其界线既经确定以后，应即于主要地点，树立明显坚固之界标，并绘具区域界划详细地图三份，送由内政部分别存转备案。

第十二条　本条例之规定，于设治局准用之。

第十三条　本条例如有未尽事宜，由内政部呈准修正之。

第十四条　本条例自公布之日施行。

# 附录七 《市组织法》（1943 年）①

（1943 年 5 月 19 日修正公布）

第一条 市之自治，除本法规定外，准用关于县自治之规定。

第二条 市自治实施办法，由行政院定之。

第三条 凡人民聚居地方，具有左列情形之一者，设市，受行政院之指挥监督：

一、首都；

二、人口在百万以上者；

三、在政治、经济、文化上有特殊情形者。

第四条 凡人民聚居地方，具有左列情形之一者，得设市，受省政府之指挥监督：

一、省会；

二、人口在二十万以上者；

三、在政治、经济、文化上地位重要，其人口在十万以上者。

第五条 市之设置与废止，及市区域之划定或变更，应经国民政府之核准。

第六条 市以下为区，区内之编制为保甲，十户至三十户为甲，十甲至三十甲为保，十保至三十保为区，其依地方情势有酌量变更之必要者，应呈经上级机关之核准。

第七条 中华民国人民，在市区域内继续居住六个月以上，或有住所达一

---

① 《立法院公报》第 126 期，1943 年，第 101–108 页。

年以上，年满二十岁，经宣誓登记后，为市公民，有依法行使选举罢免创制复决之权。

有左列情形之一者，不得有公民资格：

一、褫夺公权者；

二、亏欠公款者；

三、曾因藏私处罚有案者；

四、禁治产者；

五、吸用鸦片或其代用品者。

第八条　市设市政府，其职权如左：

一、办事市自治事项；

二、执行上级政府委办事项。

第九条　市政府于不抵触中央及上级政府法令范围内，得发布市令。

第十条　市政府置市长一人，综理全市事务，并指挥监督所属机关及职员。

第十一条　市政府设局或科，掌理关于民政、财政、教育、建设、警察、卫生事项，设局或设科由行政院依其事务之繁简定之。

市政府设局者，置局长科长科员，设科者置科长科员。

第十二条　院辖市市政府置秘书长一人，省辖市市政府置秘书主任一人，掌理文书庶务及其他不属于各局科事项。

第十三条　院辖市市政府，必要时得置参事一人或二人，掌理规章之撰拟事项。

第十四条　市政府因事务之需要，得置技术人员及视导人员。

第十五条　院辖市市长、秘书长、参事、局长简任，秘书、科长荐任，科员委任。省辖市市长荐任或简任，秘书主任、局长荐任，秘书、科长委任或荐任，科员委任。

第十六条　市政府人员之员额及其职务之分配，按各该市人口之多寡及事务之繁简，于各该市市政府组织规程中规定之。前项组织规程，由行政院定之。

第十七条　市政府得酌用雇员。

第十八条 市政府置主办会计人员主办统计人员各一人，掌理岁计会计统计事项，受市长之监督指挥，并依国民政府主计处组织法之规定，直接对主计处负责。

会计统计需用佐理人员名额，由各该市市政府及主计处就各该市市政府组织规程所定人员名额中会同决定之。

第十九条 市政府设市政会议，以左列人员组织之：

一、市长；

二、秘书长或秘书主任；

三、参事；

四、局长或科长；

五、主办会计人员。

第二十条 左列事项应经市政会议议决：

一、提出于市参议会之案件；

二、市政府所属机构办事章则；

三、市政府所属机构间不能解决之事项；

四、市长交议事项；

五、其他有关市政之重要事项。

第二十一条 市政会议每月至少开会一次，由市长召集之，开会时市长主席。

第二十二条 市政会议议事细则，由该会议定之。

第二十三条 市设市参议会，由市公民及依法成立之职业团体选举市参议员组织之，但由职业团体选举之参议员不得超过总额十分之三。

第二十四条 市参议会议长副议长，由市参议员互选之。

第二十五条 市参议会之组织职权及选举方法，另议法律定之。

第二十六条 市财政依财政收支系统及关系法令之规定。

第二十七条 区设区民代表会，区民代表由保民大会选举之，每保二人，任期二年，连选得连任。

区民代表违法或失职，由保民大会罢免之。

第二十八条 区民代表会议之职权如左：

    一、审议区规约及区与区相互间之公约；

    二、议决区长交议及本区内公民建议事项；

    三、选举或罢免区长副区长；

    四、听取区公所报告即向区公所提出询问事项；

    五、其他有关本区重要兴革事项。

第二十九条 区民代表会置主席一人，由代表互选之，开会时得通知区长保长列席。

第三十条 区民代表会每三个月开会一次，由主席召集之，必要时得举行临时会议。

第三十一条 区民代表会，非有本区区民代表过半数之出席，不得开议。

议案之表决，以出席代表过半数之同意行之，可否同数时，取决于主席。

第三十二条 区民代表会决议案，送请区长分别执行，如区长延不执行，或执行不当，得请其说明理由，如仍认为不满意时，得报请市政府核办。

第三十三条 区长对于区民代表会之决议案，如认为不当，得附理由，送请复议，对于复议结果如仍认为不当时，得呈请市政府核办。

第三十四条 区设区公所，置区长一人副区长一人，由区民代表会选举之，受市政府之监督指挥，办理本区自治事项，及执行市政府委办事项。

区长副区长任期二年，连选得连任。

第三十五条 区公所得置助理员及雇员。

第三十六条 保设保民大会，由本保每户推出一人组织之，其职权如左：

    一、审议保甲规约及保与保相互间之公约；

    二、议决保障交议及本保公民建议事项；

    三、选举或罢免保长副保长；

    四、选举或罢免区民代表会代表；

    五、听取保办公处工作报告，及向保办公处提出询问事项；

六、其他有关本保重要兴革事项。

第三十七条 保民大会开会时，保长主席；保长有事故时，副保长主席；保长副保长俱有事故或与所议事项有利害关系时，由大会推举一人主席。

第三十八条 保民大会每个月开会一次，由保长召集之，必要时得召集临时会议。

第三十九条 第三十一条第三十二条及第三十三条之规定，于保民大会准用之。

第四十条 保设保办公处，置保长一人副保长一人，由保民大会选举之，受区长之监督指挥办理本保自治事项，及执行市政府委办事项。

第四十一条 甲设户长会议，由本甲各户户长组织之，户长有事故不能出席时，应派一人代表出席。

第四十二条 户长会议之职权如左：

一、选举或罢免甲长；

二、本甲内应兴革事项。

第四十三条 户长会议由甲长召集之，每月开会一次，必要时经甲长或五户以上之请求，得举行临时会议。开会时甲长主席，甲长有事故或与所议事项有利害关系时，由出席人推举一人主席。

第四十四条 户长会议，非有本甲户长经过半数之出席，不得开会。

议案之表决，以出席人过半数之同意行之；可否同数时，取决于主席。

第四十五条 户长会议决议案，由甲长执行之。

第四十六条 甲长认为必要，或有本甲居民十人以上之连名请求时，应举行甲居民会议，讨论议决有关本甲兴革事项。

第四十七条 在区民代表会未成立之地方，区长副区长由市政府委任；在保民大会未成立之地方，保长副保长由区公所推定加倍人数，呈请市政府遴委。

第四十八条 区保应办事项，区民代表会及保民大会议事规则，由市政府定之。

第四十九条 本法施行细则，由行政院定之。

第五十条 本法自公布日施行。

## 参考文献

包树芳．近代国人对田园城市的认识 [J]．民国档案，2019(3)．

北京市档案馆．北京特别市公署关于本市区域划界办法的公函咨文 [A]．J001-007-00058．

北京市档案馆．北平市政府关于模式口等六村代表李瑞泉等请将该六村划归宛平县管理问题与北平政治分会、公安局、河北省政府等的来往文件 [A]．J001-007-00005．

北京市档案馆．北平市政府河北省政府关于模式口等六村划归宛平县管辖问题的有关训令、公函等 [A]．J001-007-00024．

北京市档案馆．北平特别市政府关于北平市行政区域划界与国民政府、内政部等单位的呈文，指令等 [A]．J001-007-00006．

北京市档案馆．北平特别市政府关于模式口等村代表李瑞泉等反映该村管辖问题与内政部、河北省政府等的来往文书 [A]．J001-007-00017．

北京市档案馆．内政部关于北平河北省市划界的公函及北平市政府的训令 [A]．J001-007-00494．

蔡勤禹．民间组织与灾荒救治——民国华洋义赈会研究 [M]．北京：商务印书馆，2005．

曹发军．抗战时期成都警政研究 [D]．成都：四川大学，2009．

曹发军．体制之痒：20世纪30年代四川省会公安局与成都市政府之间的职权纠纷 [J]．史学月刊，2015(8)．

曾潍嘉．中国近代城市警政区划研究 [J]．安徽史学，2021(1)．

陈竹君．南京国民政府社会福利立法初探 [J]．民国档案，2005(1)．

成都市档案馆．成都防空指挥部本周关于先筑第二道环路工作报告表 [A]．0133-00-0319-012．

成都市档案馆．成都市华阳县关于划界经界图查勘补助经费、划界交接情形的公函、布告［A］. 0038-13-0085.

成都市档案馆. 成都市政府送四城门联保主任关于饬限期拆卸城门一案的训令［A］. 0038-12-1605-001.

成都市档案馆. 省市府关于成都市区勘地、划界的训令，呈文公函、代电、会议记录［A］. 0038-01-0184.

成都市档案馆. 市府有关市区规划和财税概况等各类文件［A］. 0038-01-807.

成都市档案馆. 四川省防空司令部应省防部关函请成都郊外疏散道路等的训令［A］. 0038-12-1173-012.

成都市档案馆. 四川省会警察局送成都市政府关于修复东安南街疏散木桥的公函［A］. 0038-12-1173-017.

成都市地方志编纂委员会. 成都市志·房地产志［M］. 成都：成都出版社，1993.

成都市地方志编纂委员会. 成都市志·军事志［M］. 成都：四川大学出版社，1997.

成都市政府统计室. 成都市市政统计（1942 年）［M］. 成都：成都市政府，1943.

成都市政协文史学习委员会. 成都文史资料选编·抗日战争卷下·天府抗战［M］. 成都：四川人民出版社，2007.

程为坤. 劳作的女人：20 世纪初北京的城市空间和底层女性的日常生活［M］. 杨可，译. 北京：生活·读书·新知三联书店，2015.

董玥. 民国北京城：历史与怀旧［M］. 北京：生活·读书·新知三联书店，2014.

方秋梅. 近代汉口市政研究（1861—1949）［M］. 北京：中国社会科学出版社，2017.

夫马进. 中国善会善堂史研究［M］. 伍跃，杨文信，张学锋，译. 北京：商务印书馆，2005.

傅林祥，郑宝恒. 中国行政区划通史·中华民国卷［M］. 上海：复旦大学出版社，2007.

高路. "城市中国"的探讨：民国前期（1912—1937 年）社会精英对城市现代化道路的求索［M］. 北京：中国社会科学出版社，2016.

高路. 1900—1937 年中国社会精英对城市化与城市现代化道路的探索［D］. 武汉：华中师范大学，2013.

公一兵. 北京近代警察制度之区划研究［J］. 北京社会科学，2004(4).

韩光辉，尹钧科. 北京城市郊区的形成及其变迁［J］. 城市问题，1987(5).

韩光辉．清代北京城市郊区行政界线探索［J］．地理学报，1999（2）．

何一民．变革与发展——中国内陆城市成都现代化研究［M］．成都：四川大学出版社，2002.

何一民．成都通史（民国时期）［M］．成都：四川人民出版社，2011.

何一民．从农业时代到工业时代：中国城市发展研究［M］．成都：巴蜀书社，2009.

何一民．抗战时期人口"西进运动"与西南城市的发展［J］．社会科学研究，1996（3）．

何一民．清代城市规模的静态与动态考察［J］．西南民族大学学报（人文社会科学版），2014（11）．

胡恒．清代北京的"城属"与中央直管区［J］．开发研究，2016（2）．

胡乐伟，吴宏岐．论中国市辖区形成的历史过程［J］．陕西师范大学学报（哲学社会科学版），2013（5）．

黄茂．近代环渤海地区港口城市发展特征（1858—1931）［J］．城市史研究，2020（1）．

黄隐．为整理成都市市政告市民书［J］．成都市市政公报，1929（10）．

李少兵．1912—1937年北京城墙的变迁：城市角色．市民认知与文化存废［J］．历史档案，2006（3）．

梁敏玲．"捕属"与晚清广州的城市社会［J］．中国历史地理论丛，2020（4）．

梁其姿．施善与教化——明清的慈善组织［M］．石家庄：河北教育出版社，2001.

梁启超．新大陆游记［M］．北京：社会科学文献出版社，2007.

刘桂奇．民国时期广州社会的医疗救济［J］．中山大学学报（社会科学版），2009（4）．

刘洋．清代基层权力与社会治理研究［M］．北京：科学出版社，2016.

陆丹林．市政全书［M］．5版．上海：道路月刊社，1931.

罗澍伟．近代天津城市史［M］．北京：中国社会科学出版社，1993.

罗振玉．罗振玉自述［M］．合肥：安徽文艺出版社，2013.

马克思．政治经济学批评［M］．北京：人民出版社，1979.

Munro．市政府与市行政［M］．陈良士，译．上海：商务印书馆，1935.

民国奉贤县文献委员会．民国奉贤县志稿（民国三十七年）［M］．上海：上海古籍出版社，2009.

潘鸣．1930 年北平市隶属变动考 [J]．民国档案，2011(4)．

皮明庥．近代武汉城市史 [M]．北京：中国社会科学出版社，1993．

秦富平．清代的县级政权 [J]．晋阳学刊，1994(5)．

曲晓范．近代东北城市的历史变迁 [M]．长春：东北师范大学出版社，2001．

屈武．国民党政府政治制度档案史料选编（下）[M]．合肥：安徽教育出版社，
1994．

瞿同祖．清代地方政府 [M]．范忠信，晏锋，译．北京：法律出版社，2003．

任云兰．改组与经营：民国时期的天津救济院 [J]．兰州学刊，2009(8)．

上海市奉贤县县志修编委员会．上海市奉贤县志 [M]．上海：上海人民出版社，
1987．

邵彦涛．民国设市标准与财政能力之关系——以兰州设市为中心的考察 [J]．甘肃社
会科学，2016(2)．

史明正．走向近代化的北京城——城市建设与社会变革 [M]．王业龙，周卫红，
译．北京：北京大学出版社，1995．

司昆仑（Kristin Stapleton）．新政之后：警察、军阀与文明进程中的成都（1895—
1937）[M]．王莹，译．成都：四川文艺出版社，2019．

四川省档案馆．本署、成都市政府关于成都市区区划问题的请示、报告、命令、批复
[A]．建西 007-01-0061．

四川省档案馆．成都市府呈市组织规则组织系统表、履勘市区经界报告说明书、请令
成华两县划归市区行政权 [A]．M054-03-7738．

四川省档案馆．成都市政府呈成华两县迁出区并移交市辖行政权、省市县勘界条例、
成都市区及成都、华阳两县关于新勘经界提案 [A]．M054-03-7739．

四川省档案馆．成都市政府呈请划市疆域及陈施政概要、成都市区图、成都、华阳县
政务会议呈文与四川省府指令训令 [A]．M054-03-7737．

四川省档案馆．成都市政府呈市境地区经界说明书，石桩记载表、市区经界桩日程表、
市区界石料各费清册全年税收概况表 [A]．M054-03-7740．

四川省档案馆．成都市政府组织规程人员组织表及有关裁撤市府善后办法会议记录与
四川省政府训指令 [A]．M054-01-2451．

四川省档案馆．华阳、成都市县府县民呈三市县划界经图划拨保甲户口清册划勘界工
作派员监督交接办理事宜提案会议记录与四川 [A]．M054-03-7742．

四川省档案馆．四川省第一区专署成都县府县民呈治地址勘划地图县治提案补充办法县治建设委员会组织规程章程与四川省府训令 [A]．M054-03-7748．

四川省档案馆．尹昌龄等提案决议请确划成华市县经界 [A]．M049-01-1769．

四川省档案局（馆）．抗战时期的四川——档案史料汇编 [M]．重庆：重庆出版社，2014．

苏智良．上海：近代新文明的形态 [M]．上海：上海辞书出版社，2004．

孙冬虎，王均．民国北京（北平）城市形态与功能演变 [M]．广州：华南理工大学出版社，2015．

孙冬虎，王均．民国时期北平市域的拓展计划初探 [J]．中国历史地理论丛，1999(3)．

谭天星，陈关龙．未能归一的路——中西城市发展的比较 [M]．南昌：江西人民出版社，1991．

涂文学，高路．罪恶的渊薮，还是文明的阶梯？——1900—1930 年代中国的"反城市化"思潮论析 [J]．天津社会科学，2013(1)．

涂文学．近代"市政改革"：影响20世纪中国城市发展的历史性变革 [J]．学习与实践，2009(9)．

汪华．近代上海社会保障事业初探（1927—1937）[J]．史林，2003(6)．

王笛．茶馆——成都的公共生活和微观世界，1900—1950[M]．北京：社会科学文献出版社，2010．

王笛．街头文化：成都公共空间、下层民众与地方政治，1870—1930[M]．李德英，谢继华，邓丽，译．北京：中国人民大学出版社，2006．

王玲．北京与周围城市关系史 [M]．北京：北京燕山出版社，1988．

王培利，石晓霞．近代中国城乡划分与市辖区的形成（1909—1936 年）[J]．历史教学（下半月刊），2019(6)．

王韬．漫游随录·扶桑游记 [M]．长沙：湖南人民出版社，1982．

王韬．弢园文录外编 [M]．北京：中华书局，1959．

王亚男，赵永革．近代西方"市政建设"思想的引入和对北京发展方向的讨论 [J]．北京社会科学，2007(2)．

王亚男．1900—1949 年北京的城市规划与建设研究 [M]．南京：东南大学出版社，2008．

王元周． 认识他者与反观自我：近代中国人的韩国认识 [J]． 近代史研究，2007(2)．

王哲． 中国城市体系的"成熟"——基于近代多源数据的分析 [J]． 中国经济史研究，2020(2)．

隗瀛涛． 近代重庆城市史 [M]． 成都：四川大学出版社，1991．

隗瀛涛． 四川近代史稿 [M]． 成都：四川人民出版社，1990．

隗瀛涛． 中国近代不同类型城市综合研究 [M]． 成都：四川大学出版社，1998．

魏光奇． 有法与无法——清代的州县制度及其运作 [M]． 北京：商务印书馆，2010．

吴家林，徐香花． 何思源与北平的城市建设及管理 [J]． 北京社会科学，2000(1)．

吴建雍，王岗，姜纬堂，等． 北京城市生活史 [M]． 北京：开明出版社，1997．

谢璋． 重庆新旧市场之改建 [J]． 重庆商埠督办公署月刊，1927(3)．

邢佳佳． 城市化与美国市政体制改革 [J]． 山东师范大学学报（社会科学版），1998(3)．

徐建平． 民国时期南京特别市行政区域划界研究 [J]． 中国历史地理论丛，2013(2)．

徐秀丽． 中国近代乡村自治法规选编 [M]． 北京：中华书局，2004．

薛春莹． 北京近代城市规划研究 [D]． 武汉：武汉理工大学，2003．

薛福成． 出使四国日记 [M]． 长沙：湖南人民出版社，1981．

薛梦缘． 地方自治的探索：民国初期江苏省县下设市实践 [J]． 江汉大学学报（社会科学版），2021(2)．

严昌洪． 近代中国城市下层社会群体研究——以苦力工人为中心的考察 [M]． 武汉：湖北人民出版社，2016．

杨吉甫，等． 成都市市政年鉴 [M]． 成都：成都时代出版社，2007．

杨吉甫，晏碧如，刘燕谋，等． 成都市市政年鉴（第一期）[M]． 成都：成都市市政公所，1928．

杨全宇． 成都市政府施政概况报告书 [J]． 成都市政月刊，1939(5)．

杨全宇． 成都市政周报发刊词 [J]． 成都市政周报，1939(创刊号)．

杨哲明． 市政概论 [J]． 道路月刊，1931(3)．

叶舟． 艰难过渡：常州地方自治与城市建设的近代化尝试（1909—1927）[J]． 史林，2019(5)．

佚名，日伪统治时期北京特别市行政区域边界勘划史料 [J]． 北京档案史料，2005(1)．

佚名．省市县勘界条例 [J]．内政公报，1930(6)．

佚名．提议河北省与北平天津两特别市划分行政管辖区域意见书案（十七年九月十八日河北省政府委员会第二十一次例会提出）[J]．河北民政汇刊，1929(2)．

尹钧科．北京建置沿革史 [M]．北京：人民出版社，2008．

由俊生．近代天津与周边区县的经济互动研究 [M]．北京：北京理工大学出版社，2016．

游子安．劝化金箴——清代善书研究 [M]．天津：天津人民出版社，1999．

袁熹．北京城市发展史（近代卷）[M]．北京：北京燕山出版社，2008．

臧启芳．市政和促进市政之方法 [J]．东方杂志，1925(11)．

张锋．朱启钤与北京市政建设 [D]．北京：首都师范大学，2007．

张力仁．清代城市的空间范围及其人口属性 [J]．陕西师范大学学报（哲学社会科学版），2014(5)．

张利民．华北城市经济近代化研究 [M]．天津：天津社会科学院出版社，2004．

张利民．艰难的起步 中国近代城市行政管理机制研究 [M]．天津：天津社会科学院出版社，2008．

张锐．市制新论 [M]．上海：商务印书馆，1926．

张文凤，池子华．市因港设：民国江苏连云市的设置述论 [J]．兰台世界，2013(20)．

张文武．1928—1936 年北平行政区域边界勘划史料（完）[J]．北京档案史料，1999(4)．

张文武．1928—1936 年北平行政区域边界勘划史料（一）[J]．北京档案史料，1999(3)．

张喜庆，何一民．民国时期特别市制度的创设与演变 [J]．学习与实践，2017(2)．

张研，孙燕京．民国史料丛刊（149）政治·政权机构 [M]．郑州：大象出版社，2009．

张研．清代县级政权控制乡村的具体考察——以同治年间广宁知县杜凤治日记为中心 [M]．郑州：大象出版社，2011．

张仲礼，熊月之，沈祖炜．中国近代城市发展与社会经济 [M]．上海：上海社会科学院出版社，1999．

张仲礼．近代上海城市研究（1840—1949 年）[M]．上海：上海文艺出版社，2008．

赵斐．制度、法律与观念：民国时期的设"市"纠纷［J］．城市史研究，2019(2)．

赵聚军．中国行政区划改革研究：政府发展模式转型与研究范式转换［M］．天津：天津人民出版社，2012．

赵可．20年代我国留美知识分子对市政体制改革的探索［J］．四川大学学报（哲学社会科学版），1999(4)．

赵可．20世纪20年代新型知识分子城市观念的变迁——以归国留学生为中心的考察［J］．社会科学研究，2003(5)．

赵可．清末城市自治思想及其对近代城市发展的影响［J］．史学月刊，2007(8)．

赵可．市政改革与城市发展［M］．北京：中国大百科全书出版社，2004．

赵可．晚清知识分子城市观念的萌动与走向［J］．中州学刊，1999(1)．

赵秀玲．论清代知府制度［J］．清史研究，1993(2)．

郑宝恒．民国时期政区沿革［M］．武汉：湖北教育出版社，2000．

中国第二历史档案馆．中华民国史档案资料汇编（第五辑第二编）附录（上）［M］．南京：江苏古籍出版社，1997．

中国第二历史档案馆．中华民国史档案资料汇编（第五辑第一编）政治1［M］．南京：江苏古籍出版社，1994．

中国民主建国会重庆市委员会，重庆市工商业联合会，文史资料工作委员会．重庆工商史料（第二辑）［M］．重庆：重庆出版社，1983．

中国人民政治协商会议成都市金牛区委员会文史资料工作组．金牛文史资料选辑（第二辑）［M］．1985．

中国人民政治协商会议四川成都市委员会文史资料研究委员会．成都文史资料选辑（第三辑）［M］．成都：成都市政文史资料研究会，1983．

中国人民政治协商会议四川成都市委员会文史资料研究委员会．成都文史资料选辑（第五辑）［M］．成都：成都市政文史资料研究会，1983．

钟叔河．走向世界丛书［M］．长沙：岳麓书社，2008．

周娴．美国市政的历史进程［J］．南开学报（哲学社会科学版），1997(1)．

周以让．武汉三镇之现在及其将来［J］．东方杂志，1924(5)．

周振鹤．行政区划史研究的基本概念与学术用语刍议［J］．复旦学报（社会科学版），2001(3)．

朱彦同．民国时期江宁与南京行政区划纷争研究（1927—1935）［D］．南京：南京师范大学，2014．

BUCK D. Urban Change in China: Politics and Development in Tsinan Shantung, 1890-1949[M]. Madison: University of Wisconsin Press, 1978.

ELVIN M, SKINNER G W. The Chinese City Between Two Worlds[M]. Stanford: Stanford University Press, 1974.

ESHERICK J. Remaking the Chinese City: Modernity and National Identity, 1900-1950[M]. Honolulu: University of Hawaii Press, 2000.

FAURE D, LIU T T. Town and Country in China: Identity and Perception[M]. London: Palgrave Macmillan, 2002.

GOODMAN B. Native Place, City, and Nation: Regional Networks and Identities in Shanghai, 1853-1937[M]. Berkeley: University of California Press, 1995.

HENRIOT C. Shanghai, 1927-1937: Municipal Power, Locality, and Modernization[M]. Berkeley and Los Angeles: University of California Press, 1993.

JOHNSON L J. Shanghai: From Market Town to Treaty Port, 1074-1858[M]. Stanford: Stanford University Press, 1995.

Rowe W T. Hankow: Commerce and Society in a Chinese City, 1796-1889[M]. Stanford: Stanford University Press, 1984.

Rowe W T. Hankow: Conflict and Community in a Chinese City, 1796-1895[M]. Stanford: Stanford University Press, 1989.

SKINNER G W. The City in Late Imperial China[M]. Stanford: Stanford University Press, 1995.

STAPLETON K. Civilizing Chengdu: Chinese Urban Reform, 1895-1937[M]. Cambridge, MA: Harvard University Asia Center, 2000.

STRAND D. Rickshaw Beijing: City People and Politics in the 1920s[M]. Berkeley: University of California Press, 1993.

TSIN M. Nation, Governance, and Modernity in China: Canton, 1900-1927[M]. Stanford: Stanford University Press, 2000.